venez toutes bloguer sur
www.lesparesseuses.com

La tonic attitude
des paresseuses

Anne-Charlotte Fraisse

La tonic attitude
des paresseuses

MARABOUT

« Pression sociale oblige, (…) il ne suffit pas d'être paresseux, encore faut-il l'être en faisant croire le contraire. »
Marin de Viry, *Le Matin des abrutis*

À Clémence, mon adorable nièce.

Sommaire

Avant-Propos

Pourquoi ce guide va vous aider

Avachie sur une chaise, le cheveu mou, vous mâchonnez votre tartine : « En ce moment, je suis crevée… ».

En ce moment ? Mais en y réfléchissant à deux fois, quand avez-vous fait de grands projets, rêvé d'aventure, organisé de folles vacances pour la dernière fois ? Oui, ça date.

Aujourd'hui, vous avez plutôt le peps d'un limaçon et même vos chaussettes sont plus motivées que vous.

Si vous vous reconnaissez dans une (ou plusieurs !) des affirmations suivantes, le temps est venu de prendre l'escargot par les cornes :

– L'idée même d'être dynamique vous fatigue.

– Vous avez l'impression de débarquer d'une autre planète, surtout quand vous croisez des gens frais et souriants.

– Vous avez déjà confondu le dentifrice avec la crème contour des yeux.

– Vous ne savez même plus à quand remonte la dernière fois où vous avez eu envie de faire des polissonneries avec Jean-Jules.

– Vous ne vous souvenez plus du prénom de ce petit être blond qui squatte chez vous. Attendez, ça vous revient, ça doit être votre enfant.

– Vous aimeriez bâillonner le petit être blond pour qu'il se taise et vous fiche enfin la paix royale que vous méritez.

– Faire une purée en sachet et des escalopes panées vous demande une mobilisation mentale de championne olympique.

– Vous avez besoin d'un coach pour vous motiver à attraper la télécommande.
– Vous avez le même vernis fatigué sur les pieds depuis un an, minimum.
– On ne vous dit plus : « Salut, t'es superbe ! », mais : « Salut, t'es sûre que ça va ? »

Là, légitimement, vous allez vous demander où et comment trouver le courage, l'étincelle qui vous fera sortir de cette torpeur. Dans la tonic attitude, entre vos charmantes mains, pardi ! Pour réveiller la fraîcheur de la jeune femme dynamique qui s'enlise dans la flemme, rien de tel que le secours de dame nature, d'un bon repas, d'huiles essentielles, de vitamines et plein d'astuces malignes. Vous voulez (re) devenir une créature gracieuse et enthousiaste, prête à relever les fabuleux défis qui jalonnent la vie ? Suivez le guide ! En un rien de temps et tout en douceur, vous aurez retrouvé votre teint de pétale, vos cheveux soyeux et votre vivacité oubliée.

Si vous avez ce livre entre les mains, c'est que, bientôt, mener de front une vie de femme, d'amante, de bizneswoman, de maman, d'épouse, de colocataire, de meilleure amie et tant d'autres encore, rimera avec être en forme. Avoir une vie bien remplie, la traverser d'un pas élastique ne sera plus jamais synonyme d'avoir les batteries à plat dès huit heures du matin et sept jours sur sept. Le triple but : devenir tonique car relâchée, résistante car paresseuse, dynamique car à l'écoute de soi. Légèrement paradoxal ? Oui. Mais surtout efficace.

Et, attention ! Avoir la tonic attitude, c'est tout le contraire d'être survoltée comme une hystérique sous cocaïne ! Brasser du vent en parlant trop fort pour bien montrer qu'on a la pêche, alors qu'en réalité on risque de se griller définitivement les circuits à les faire surchauffer. Vous serez bientôt dynamique au bon moment, au bon endroit, pour mieux vous prélasser dans des draps de lin bio le moment venu, en toute volupté.

OUI ! Vous pouvez survivre au goûter d'anniversaire de Quentin, 6 ans et déjà une foule d'idées pour vous rendre chèvre, empêcher ses petits copains d'étaler du flan sur les murs et d'enchaîner sur une soirée entre copines sans vous écrouler au bord du *burn-out*.

OUI ! Vous pouvez avoir une *boss* sur le dos, un smart-phone qui vibre plus souvent que votre *rabbit*, un travail qui vous en demande des tonnes et garder le sourire.

Et point n'est besoin de s'épuiser : toute paresseuse qui se respecte sait qu'économiser son énergie, c'est gagner du temps. Pour devenir une compagne charmante, une collègue détendue mais efficace, une super-tata, une amie en or massif, pensez d'abord et avant tout à vous. La paresseuse tonique sait que, pour assurer, elle se bichonne, se cocoone, se papouille, bref, baisse la garde, laisse s'exprimer en nuances sa créativité, sa bonté et ses fragilités pour mobiliser ensuite au mieux ses capacités.

En toute légèreté, papillonnez de conseils utiles en recettes miracles pour retrouver l'envie de vous activer, de chanter, de danser, de gravir l'Himalaya, à nouveau dynamique et épanouie.

1

Comment savoir où on en est

Choisissez votre camp avec ce test : crustacé vanné, mollusque temporaire ou moule perpétuelle ?

Au boulot, c'est plutôt :

A. Je suis dynamique et pimpante, mais j'ai les paupières qui tombent avant ou après la pause dej' !

B. Je suis du genre hyper efficace… enfin… trois heures par jour !

C. J'arrive héroïquement à me faire un café entre deux crises de bâillements, et c'est déjà pas mal.

Avec mes marmots :

A. Pédiatre lundi, mardi solfège, mercredi danse, jeudi judo, vendredi raviolis, roller pour tout le monde le week-end. Pas le temps de souffler.

B. C'est où, pour baisser le volume ?

C. C'est quoi l'âge limite pour les rendre au magasin ?

Le sport :

A. 20 minutes une fois par semaine, mais je donne tout ce que j'ai dans le ventre !

B. La piscine, j'y vais. Sauf quand j'ai pas le moral. Sauf quand ma copine Julie veut pas venir. Sauf quand il pleut.

C. Le quoi ?

Avec Jean-Jules :

A. Minimum trois fois par semaine. Vous avez des envies qui vous chatouillent régulièrement !

B. Le week-end. Si les enfants sont chez mamie (pas assez souvent à votre goût !).

C. Uniquement pendant les grandes vacances.

Le matin, c'est plutôt :

A. Il vous faut minimum une heure et douze cafés pour émerger.

B. Vous vous levez en pleine *crazy* attitude : comme un zébulon sur roulettes.

C. Vous émergez doucement vers 14 heures.

Le soir, c'est plutôt :

A. La grande vadrouille jusqu'à minuit et plus : vous avez une forme d'enfer.

B. On fera la vaisselle demain.

C. La raplapla attitude : on ne peut rien tirer de vous !

Majorité de A : crustacé un peu vanné

Votre moteur démarre au ralenti, mais votre énergie se révèle à l'effort. Résultat, vous avez tendance à avoir la pêche le soir, à vous coucher tard et à vous traîner le matin.

Avec votre emploi du temps chargé, votre créativité débordante et votre pétillance naturelle, vous avez tendance à en faire un peu trop. Vos coups de mou sont le signe qu'il faut lever le pied, revoir quelques bases alimentaires et vous chouchouter avant de brûler vos dernières réserves !

Majorité de B : mollusque à mi-temps

Après une bonne nuit de sommeil, vous êtes fraîche et dispose, mais au cours de la journée, votre état passe visiblement de fille en super forme à truc indescriptible et cerné. Le soir, vous regagnez votre coquille, soulagée d'être enfin peinarde. Vos journées rythmées par les coups de pompe (je fais le dossier truc ce matin, sinon cet aprem' je vais le bâcler), vous voulez vous en dépêtrer, car vous savez pertinemment que vous pouvez garder la forme pour avoir une vie en dehors de l'open-space. Réagissez avant de passer dans la catégorie moule perpétuelle ! Changez d'air, mettez-vous un programme solide en place et affichez-le dans la maison : ça aide à se motiver d'avoir des objectifs clairs.

Majorité de C : moule perpétuelle

Fatiguée dès le réveil, crevée le soir, votre journée s'étire péniblement au non rythme de vos petites capacités énergétiques. Les bruits vous irritent, faire une purée en sachet c'est un peu comme si on vous demandait de gravir l'Annapurna avec vos Havaïanas. Vous n'avez pas toujours été comme ça, pas vrai ? Alors, si vous rassemblez ce qui vous reste de tonus (cherchez bien, elle se cache forcément quelque part, cette poussière étincelante !), vous pouvez encore être sauvée. Il y a sûrement, ça et là dans votre mode de vie, des petites choses qui, jour après jour, grignotent insidieusement vos batteries. Vous allez les identifier, puis les éradiquer pour les remplacer par celles qui vous boostent. Aller, hop ! Au boulot, sortez de votre coquille pour plonger dans le vaste monde de la tonic' attitude !

Mes objectifs/Ce qui va changer : on se motive avant de passer à l'action !

Devenir la fille la plus glamour du quartier

Oui, oui, on sait que cet objectif est ambitieux. Voire foudingue, comme ça, de but en blanc. Mais en regardant de plus près :

• Vous décidez de troquer la pyjama-en-polaire-attitude (pas franchement glamour) pour la cuissarde-de-créateur-attitude (déjà nettement plus valorisante !). S'occuper de soi, c'est déjà comme troquer sa paire de Converses contre des escarpins à strass : une femme motivée fait briller son *secret glow* (oui, ça fait chic en anglais : éclat secret !) de l'intérieur, et c'est déjà 80 % du capital-glamour acquis !

• Vous allez identifier vos faux amis, sournoisement tapis dans l'ombre de vos petites habitudes : ceux que vous pensiez être des vrais alliés se révèlent être d'affreux traîtres. Dans les placards de la cuisine, vous allez enfin démêler le vrai du faux, tel un inspecteur Derrick de la malbouffe. Résultat ? Les détails qui changent tout :

– Des cheveux forts et brillants comme dans une pub pour les shampooings aux actifs de fruits.

– Une peau hydratée de l'intérieur donc plus lisse et remplie.

– Un teint frais, lumineux et reposé sans avoir besoin de retouches Photoshop.

– Une silhouette harmonieuse, c'est-à-dire pas maigrichonne-ratatinée. On parle ici d'une vraie silhouette de femme, voluptueuse, ferme comme une pomme bio et douce comme un abricot.

Et ça, les filles, si vous réunissez tout sur une seule et même personne (vous), les quotas de GIB (glamour intérieur brut) vont être pulvérisés dans tout le pays !

Faire plus de choses en moins de temps

Se sentir plus puissante qu'un Power Ranger ne vous offre pas pour autant la garantie prolongée « Brebis Dolly ». Ce livre ne vous donnera pas la recette du clonage et pas la peine d'insister, même pas pour un petit bras ou deux en plus, on est pas dans le temple de Shiva, hein ! En revanche, imaginez le gain de temps que ça représente d'être en forme : les courses au minip' par exemple, vous allez savoir ce que vous cherchez, plutôt que d'hésiter trois plombes sur le menu du soir entre tartiflette-petit-suisse et soupe de courge-tiramisu. Hop ! Hop ! Trois bonds à droite, deux à gauche et on en parle plus, la gazelle a bouclé ses courses.

Certes, cet exemple bien trivial nous éloigne de la formidable capacité féminine à être multitâches, c'est pas moi qui le dit, ce sont les scientifiques. Notre cerveau est comme ça, il gère le dossier Duboss en donnant l'horaire du pédiatre à mamie, il fait sa séance de stepper hebdo (comment ça vous faites pas de step ? Yoga ? Non plus ? Vous avez bien fait d'acheter ce livre, morbleu !) en rassurant Juliette sur son salaud d'ex qui la méritait pas et heureusement qu'elle s'est fait larguer parce que ça n'avait pas l'air d'être une affaire ni au lit ni ailleurs !

Votre cerveau regarde la télé en pensant aux crapouilleries qu'on va faire à Jean-Jules dans quelques minutes s'il continue à se passer la main dans les cheveux comme un cow-boy solitaire et sexy, l'insolent ! – Mais je m'égare, Jean-Jules, sors de cette pièce, j'ai un livre à écrire !

Pour vous la faire courte, un cerveau rassasié dans les règles de l'art c'est comme une nouvelle barrette mémoire sur l'ordi : ça ne rame plus du tout, ça carbure ! Et un cerveau qui fait de la formule 1, de nos jours, c'est rudement pratique pour être un champion (comme dirait la grand-mère de Jean-Jules).

Imaginez la nouvelle vous, débarrassée de ses soutes à bagages sous les yeux : plus lucide… Donc, plus organisée, ce qui implique de savoir gérer les problèmes par ordre d'importance, ce qui implique d'arrêter de croire que c'est une bonne idée de faire tous ses cadeaux de Noël le 24 décembre, par exemple.

La lucidité permet aussi, je vous rassure, de rédiger votre rapport d'activité pour barbante incorporation tout en vous manucurant les orteils. Et non, la lucidité n'est pas du surmenage. Il y a une grande différence entre stimuler vos neurones en les nourrissant correctement et les maltraiter en leur imposant des doses mortelles de caféine en intraveineuse sous prétexte que ça vous réveille !

Avoir une libido d'enfer

Que celle qui n'a jamais sorti sa combinaison intégrale en pilou de grand-maman (cadeau de Noël 1999 !) les soirs de grosse fatigue lève la main. Vous voyez tout à fait de quoi je parle, pas la peine de se planquer, il y a des moments où on échangerait volontiers *les Mille et Une Nuits* version adulte contre une intégrale de *Desperate Housewives* et un pot de Ben & Jerry's. Et quand Jean-Jules frétille dans son caleçon comme un ver de terre au régime devant la pomme du jardin d'Éden, vous lui répliquez dans un bâillement mou que, franchement, il peut attendre ce week-end end pour le remake d'*Emmanuelle*.

Jean-Jules insiste un peu. Après s'être cassé le nez sur la barrière muette et hostile de votre intégrale pyjama polaire de chasteté une demi-douzaine de fois (ne jamais sous-estimer la pugnacité du ver de terre à la diète), s'en retourne ronfler de l'autre côté du lit avec son bigorneau boudeur pour seule compagnie.

La tonic attitude est là aussi pour sauver le bigorneau de Jean-Jules.

Pas qu'on vous envoie un escadron d'éditrices gaulées comme des best-sellers à domicile pour mettre du piment dans votre soupe de navets.

Mais simplement, quand on est en forme, les fantasmes émergent plus facilement dans le quotidien. Un passage au rayon petit dej' de Miniprix vous rappelle ce week-end à la campagne où il y avait beaucoup de confitures dans les placards et pas beaucoup de chauffage. Et elles ne sont pas restées longtemps dans les placards, les confitures, vu qu'avec Jean-Jules, vous êtes très ouverts d'esprit et très curieux de ce que pourrait donner une gelée pomme-coing mélangée à votre Chanel n° 5 en matière de réchauffement du climat.

Tout ça pour dire que vous achetez un pot de bonne grand-mère à la fraise avec la ferme intention de ne pas en laisser une goutte pour les tartines du lendemain.

Vous retrouvez le chemin de vos envies, de vos fantasmes et donc aussi le désir de les mettre en pratique. Même si, là, on n'est pas en train de vous dire que ça va être le grand raout de la savane dans la casbah tous les soirs, être connectée à soi permet au moins un relationnel de qualité, une meilleure écoute de son corps et de celui de Jean-Jules.

Rester zen quoi qu'il arrive

Réussir à ne pas faire monter la pression de sa Cocotte-Minute émotionnelle n'est pas chose facile. Que celle qui n'a jamais tenté de faire sa loi en vociférant comme une truie dans sa Smart à cause d'une queue de poisson m'explique comment elle fait.

En général, quand on en arrive à ce point d'énervement, plusieurs couches se superposent : au boulot, tout ne se passe pas comme prévu, on est en retard et surtout, fatiguée. On tient là un élément fondamental car, sans fatigue, les nerfs encaissent mieux les microstress de la vie de tous les jours. Or, vivre sans être fatiguée, c'est un peu le Koh-Lanta de la femme active.

À défaut de pouvoir éviter la fatigue, on peut au moins aider son petit corps à mieux la vivre. Pour comprendre, il faut regarder notre cerveau. C'est grâce à lui que l'on bouge, que l'on respire, c'est notre centre de traitement des données, notre ordinateur central. Dedans : des neurones, plein de neurones partout. Le neurone est un chouette type. Il passe son temps à donner des informations, des influx. Nos neurones, c'est notre Agence France Presse intégrée sous boîte crânienne.

Vos petits neurones sont des êtres fragiles, à la sensibilité à fleur de peau. Longtemps, pour vous faire plaisir, ils encaissent tout : mauvaises nuit peu réparatrices, repas bidons de sandwichs plus sodas sur le pouce, stress au travail et vie affective tourbillonnante. Et puis un jour, crac, il joue plus le neurone.

Il en a ras la casquette d'être un bon p'tit soldat qui se démène pour tout bien faire sans qu'on lui accorde la moindre gratification. Croyez-moi, quand le neurone démissionne, c'est pas la joie. Carence en vitamine B, fer, magnésium, tout s'écroule, le neurone est à plat, il n'a plus de quoi survivre et le reste du corps suit dans la chute. C'est le fameux moment où on a envie de pleurer si Duboss ose nous demander où en est le dossier Barbos, si chéri rentre trop tard du boulot, s'il pleut dehors… Tout micrograin de sable dans l'engrenage bien huilé de notre vie est un terrible affront, voire une catastrophe nucléaire insurmontable. Crise nerveuse avec, au choix, rires en cascade, fontaine de larmes ou les deux en même temps : pour le bouddha-style, on repassera dans une prochaine incarnation ! Et comment on se comporte dans ces cas-là ? Ben, on fait tout le contraire de ce qu'il faudrait pour renouer une relation harmonieuse avec le neurone.

On mange des cochonneries consolantes, du gras, du sucre, un petit gorgeon de gnôle, comme dirait mémé, ça fait passer les soucis.

Sauf que, si ça marche sur le coup, parce que notre palais et notre estomac sont à peu près calmés et qu'on sécrète de la sérotonine (la petite hormone du calme et du bonheur, celle qui se balade aussi dans notre sang après une séance de polissonneries avec Jean-Jules), après, on fait hurler le neurone tel le caniche de ma voisine un soir de pleine lune. Chute de la glycémie, qui est le petit mot sympa pour dire que trop de sucre tue le sucre (véridique !), et hop, on a qu'une envie : se reprendre un expresso bien serré double sucre pour tenter de remonter la pente. Erreur, jolie gazelle, erreur. Ce cercle infernal non seulement ne nous apporte rien d'utile, mais en plus appauvrit nos ressources en nutriments, ce qui nous fait tomber encore plus bas sur l'échelle de la zen attitude.

Maintenant que vous voyez à peu près de quoi il retourne, imaginez un peu l'effet inverse : votre cerveau, dûment rassasié avec de la vraie nourriture qui a des vrais morceaux de nutriments dedans, voyant l'orage arriver, se plie mais ne rompt pas, tel le roseau de notre bon Jean Delaf'.

Ca n'empêche pas de ressentir les émotions, un neurone nourri n'est pas apathique.

Mais vous avez tellement la pêche que vous pouvez filer à votre cours de yoga au lieu de vous écraser sur le canapé avec de la glace. Et que le cours de yoga, ça rend zen.

Et que si vous n'êtes pas inscrite à un cours de yoga, chère paresseuse, trouvez autre chose qui vous aide à prendre de la distance tout en entretenant votre petit corps. Et si vous ne voulez surtout pas faire du sport, c'est déjà un bon début de manger sainement, tôt ou tard, ça finit par amener à faire du sport. Si si, vous verrez.

Être svelte, ferme et pas du tout obsédée par mon poids

Lorsque vous aurez refermé la tonic attitude des paresseuses, vous allez faire des orgies.

Vous allez enivrer vos sens d'aliments fabuleusement bons, voire totalement divins.

La VBN (Vraie Bonne Nouvelle), c'est que ce qui est bon pour la tonic attitude… est excellent contre la culotte de cheval !

On ne va pas vous parler de compter les calories, parce que les calories, à la base, c'est quand même ce qui nous permet de continuer à vivre, c'est notre sans-plomb à nous. On va se concentrer sur ce qui donne la niaque, la pêche, la frite ET la banane.

Miraculeux mais vrai, la vie tonic' attitude est excellente pour la ligne.

Déjà parce que l'aliment tonique est souvent, l'air de rien et malgré lui :

– Pauvre en calories.

– Riche en « bons » sucres : les sucres lents et les sucres de fruits.

– Ignorant des « mauvaises » graisses.

– Dynamisant du transit (on ne stocke plus des cochonneries inutiles dans notre petit bidou, on absorbe juste les nutriments essentiels).

– Raffermissant de partout : les aliments tonic' attitude nourrissent la peau de l'intérieur, et du coup, on fripe moins, on peau d'orange plus du tout et on rayonne d'une peau lisse comme une cerise sur son arbre.

– Anti-rétention d'eau : fibres et minéraux, on ne va plus gonfler comme une éponge, donc avoir l'air élancée plutôt que bouffie !

Mine de rien, sans même l'avoir senti, sans avoir pompé l'air de tout votre entourage chéri avec un nouveau régime prétendu miracle, sans en avoir l'air, on vous dira : « T'as pas minci ? » Là, vous pourrez répondre, d'un air totalement détaché, avec un haussement d'épaules significatif : « Peut-être, mais je m'en fiche, du moment que je suis en forme ! » C'est tellement plus glamour que d'avoir eu l'air d'en baver pendant des mois pour quelques grammes, tellement plus Audrey Hepburn dans sa petite robe noire, mystérieuse, mutine et parfaite !

Abattre des sommes de travail titanesques sans me fouler plus que ça

Les sommes titanesques de trucs à faire, on connaît déjà. Les gérer comme une reine, du haut de son trône en diamants et or massif, avec le petit doigt en l'air et l'index décidé, c'est autre chose.

À force de courir partout, de répondre à 350 mails par jour en changeant les couches du petit dernier, on oublierait presque qu'il fut un temps où l'on devait rendre une dissert' de philo pour lundi matin, faire son sac de sport, parler trois heures avec Sophie de Jean-Jules de la terminale B qui nous a invitées à partager sa table demain à la cantine ET se vernir les ongles en rouge, rapport au beau Jean-Jules de terminale B qui va manger à la cantoche avec nous demain. À cette époque, on gérait. La fougue de la jeunesse certainement.

Époque différente, gestion nouvelle : on peut tout à fait retrouver cette fougue, avec l'avantage de la maturité.

Là où vous pouviez passer une nuit sans dormir pour rendre ladite dissert', impossible de faire la même chose sur le dossier Duboss. Déjà parce que ça se verra sur notre minois défait lundi au boulot, on récupère pas pareil à 18 et 30 ans.

Ensuite parce qu'on risque de le payer cher : troubles de l'attention ou moral dans les chaussettes. Il vous faut donc mettre de la performance, de l'efficacité dans votre façon de travailler, histoire de pouvoir dormir assez.

La clé ultime, c'est de savoir comment on fonctionne, identifier les petits plus qui nous rendent performantes. Pas de recette miracle qui marche pour tout le monde, l'efficacité au travail, c'est un truc hyper perso.

Mais il y a quand même quelques règles valables pour toutes :

– Pour s'y mettre vraiment, un petit rituel avant de se mettre au boulot aide beaucoup : un thé, un texto à mamie, respirer une huile essentielle tonifiante, quelques respirations pour s'oxygéner le cerveau à fond avant de s'y mettre…

– Évitez de manger un couscous royal merguez + moelleux au chocolat en une heure de pause dej'… La fatigue d'une alimentation trop riche fait tomber lourdement les paupières et compromet l'abattage efficace du boulot !

– Pas évident de négocier une salle de sieste dans tous les buildings à open-space, mais on peut quand même fermer les yeux ne serait-ce que cinq minutes pour s'évader totalement, et revenir avec les idées fraîches.

– Un p'tit goûter peut aussi aider le cerveau à carburer efficacement. Quand je dis « p'tit goûter », ce n'est pas un paquet entier de BN Chocobons avec un verre de lait, ni de la brioche au Nutella. C'est plus un fruit frais de saison, un jus de fruits ou de légumes (oui oui, vous allez voir, au début on trouve ça étrange, après, c'est une drogue, un besoin, le jus de légumes !), une petite poignée d'oléagineux (type amandes)… Du sucre oui, mais pas n'importe lequel, des bonnes graisses comme celles qu'on trouve dans les amandes, ça nourrit le cerveau (encore lui !) et un peu de calcium, toujours dans les amandes, le tour est joué !

– Pas si anodin que ça : les couleurs.

Si vous mettez un petit haut rouge, vous stimulerez votre énergie, une certaine combativité et une tendance à aller de l'avant, idéal pour présenter en réunion votre dernier dossier. Le vert vous rendra calme et réfléchie, car cette couleur symbolise l'équilibre et la nature.

Le jaune stimule la communication, une certaine idée de la chaleur humaine, parfait pour le démarchage de nouveaux clients, c'est une couleur vibrante et positive.

Le bleu est un grand classique pour un entretien d'embauche, couleur du ciel et de la mer, le bleu apaise. À éviter si vous êtes déjà complètement à l'ouest, à favoriser si dès le matin vous vous sentez tendue et irritable.

Avoir un moral d'acier

Qu'est-ce qui nous bouffe le moral ? Le plus souvent, ça semble venir des autres.

C'est Jean-Jules qui nous fait tourner en bourrique avec sa crise de l'engagement de la trentaine. C'est Duboss qui se prend pour le roi du monde et nous envoie sur les roses pour soulager ses nerfs dès qu'il peut. C'est la voisine du dessus qui a décidé de mettre ses escarpins pour faire le ménage dimanche matin à 8 heures. C'est crever un pneu sur l'autoroute un jour de neige à minuit. C'est le temps qu'il fait dehors, un 1000e entretien d'embauche sans réponse, les mauvaises notes de choupinette, le compte bancaire bien au-dessous du niveau de la mer… Bref, on se sent plus ou moins désemparée face aux assauts extérieurs, impuissante à les gérer autrement qu'en se mettant en colère, où en pleurant toutes les larmes de son petit corps.

Tous ces bâtons dans les roues nous torpillent le moral car on pense n'avoir aucune prise sur les événements. C'est pas faux. Mais on peut agir, très concrètement, sur notre façon de d'accepter ces événements, de les recevoir et de les gérer.

Tout petit souci ou gros problème peut être envisagé soit comme une catastrophe interplanétaire, ce qui n'aide pas à trouver les solutions pour s'en sortir et fait paniquer encore plus, soit comme une épreuve à surmonter, ce qui est déjà beaucoup plus stimulant. Cela vous met dans une position de réactivité, d'action et non plus en situation passive. Premier point.

Deuxième point : si vous manquez de nutriments essentiels sans le savoir, vous serez énormément plus perméable au stress. Le magnésium fait souvent partie de la liste des abonnés absents alors qu'il est indispensable à une bonne gestion de l'équilibre nerveux. Mais ce n'est qu'un exemple parmi tant d'autres, que vous retrouverez dans le chapitre 2 pour recharger vos batteries en ravissant vos papilles.

Développer ma créativité

La tonic' attitude est là pour vous guider sur les sentiers de votre être intime, celui qui sait ce qui est bon pour vous. En testant, en bidouillant votre propre sauce à partir des recettes et exercices, vous allez découvrir petit à petit, ce qui vous va vraiment. Un peu comme un dressing idéal, mais pour l'intérieur. Dans cette garde-robe idéale se cache l'un des plus précieux trésors de votre être : la créativité.

Spontanée et colorée lorsqu'on est enfant, petit à petit, on se bride pour convenir à des normes sclérosantes, et on oublie qu'à trois ans on dessinait des licornes et des dragons avec des princesses de toutes les couleurs sans aucune inhibition. On n'est pas en train de vous dire que vous allez vous éclater comme une folle à faire des colliers de coquillettes assortis à des boîtes à fromage qui pue. Vous avez grandi depuis, ça évite pas mal de fashion faux-pas.

Être une grande fille créative, c'est d'abord savoir se faire confiance, parce que l'on sait ce que l'on veut. Que même une idée folle peut être une excellente idée, pourvu que l'on sache qu'elle est bonne pour soi. C'est une forme d'égoïsme éclairé.

Être créative, ça réveille la tonic' attitude mieux qu'une petite tasse de George Clooney le matin. Parce qu'au lieu d'avoir une seule solution à un problème donné (genre : je ne peux pas porter mes bouteilles d'eau jusqu'au sixième étage sans ascenseur = je boirai de l'eau du robinet au goût infâme et aux propriétés douteuses), vous en trouvez plusieurs jusqu'à celle qui est la plus facilement réalisable (= j'embauche un jeune mannequin russe fraîchement débarqué en France pour porter mes packs d'eau, je déménage au deuxième, je fais installer un panier avec une poulie sur le rebord de la fenêtre, j'invite Jean-Jules à faire les courses le jour où j'ai besoin de ses muscles, je fais du culturisme pour développer mes biceps, j'achète une carafe filtrante… et ainsi de suite jusqu'à trouver la solution la plus idéale !).

Dix façons de savoir qu'il est temps de passer de la nouille-trop-cuite/jambon-flasque-attitude à la tonic attitude

1. Vous avez envie de vivre chez les Schtroumpfs pour pouvoir cacher vos cheveux sous un chapeau.

2. Vous vous demandez si un niquab (voile intégral) peut s'accessoiriser avec des cuissardes, rapport à si vous continuez à avoir les fesses molles et le teint brouillé, faudra bien les cacher quelque part en tentant de rester fashion.

3. Vous repoussez les dîners entre filles pour comater devant un navet à la télé.

4. Vous avez environ un million de dossiers en retard au boulot, cause congés maladie complaisamment rédigés par Dr Pantoufle, le médecin de famille qui vous supplie de rester sous la couette pour éviter la nouvelle pandémie de gastro-entérite nationale, rapport à vos globules blancs aussi vaillants que du camembert périmé depuis 6 mois.

5. Vous avez oublié la forme, la couleur et la vigueur du bigorneau Jean-Julesque.

6. Vous avez mis vos enfants à vendre sur Le Bon Coin. Ils sont trop fatigants.

7. Vous avez envie de tuer votre belle-famille qui organise beaucoup trop de réunions familiales bruyantes (au moins deux fois par ans, les tortionnaires !).

8. Vous pensez que « sport » et « torture » sont côte à côte dans le dictionnaire des synonymes.

9. Penser est au dessus de vos forces.

10. Votre vie ressemble à une course d'escargots insomniaco-apathiques sous calmants.

2

Comment recharger mes batteries en ravissant mes papilles

« Brian is in the kitchen ! »

Votre mission tonic' attitude commence, vous l'avez compris, dans la cuisine. Plus précisemment dans les placards de la cuisine. Ou même avant, au moment des courses. Voire encore avant, dans votre cerveau. Soyez ferme, telle la fesse d'Angelina Jolie dans *Tomb Raider*, pour ancrer cette vérité fondamentalement existentielle : **vous êtes ce que vous mangez**.

Essayez donc, pour voir, de vous gaver de Cochonou, vous allez immanquablement finir par ressembler à Naf-Naf, Nif-Nif ou Nouf-Nouf : toute rose, bien ronde, bien grasse…

Essayez pour voir, de vous remplir quotidiennement la panse de pâtes : à terme, on ressemble à une grosse nouille, un point c'est tout. Alors n'essayez surtout pas, par pitié, le régime nouilles-saucisson tous les jours, parce qu'une nouille trop cuite qui pousse des grognements de truie, c'est pas le comble du glamour, mais alors pas du tout (sauf si votre chéri est un charcutier italien, et encore…).

Tout ça pour dire qu'en dehors du plaisir immense que nous procure un bon petit plat, il faut garder à l'esprit que si on a faim, c'est aussi parce que notre petit corps nous réclame sa pitance, son carburant. Il va se servir dans ce que l'on lui donne pour :

- construire de nouvelles cellules, qui deviendront des organes, des neurones…
- faire fonctionner celles qui sont déjà là et qui ont faim (ça bosse, une cellule, donc ça mange !) ;
- éliminer les cochonneries dont il n'a pas besoin, les déchets issus de la production d'énergie…

On ne peut donc pas impunément donner n'importe quoi à manger à notre petit corps d'amour, sinon il se retrouve à plat, étalé tel un vieux chewing-gum sous un banc de métro, vanné. Vous avez certainement quelques (très vagues) souvenirs d'une jolie pyramide alimentaire de nos besoins. Heureusement que les souvenirs sont vagues, on va pouvoir (presque) repartir sur des bases quasi neuves. En effet, la pyramide reste assez juste, mais elle ne tient pas du tout compte de l'individualisation, des besoins que nous avons d'une nourriture en certaines quantités, mais aussi d'une certaine qualité. On croit parfois bien faire, mais on introduit des traîtres sous son propre toit, à son insu ! Apprenez à les reconnaître, bannissez-les de votre liste de courses et la tonic' attitude est déjà (quasi) totalement gagnée (et c'est bon pour le moral, paske franchement, c'est trooooop simple !)

Liste des traîtres qui se cachent dans mon placard

Ennemi public numéro 1 : le sucre

Oui oui, monsieur le sucre, tout mignon sur nos papilles, retour vers l'enfance et toute sa ribambelle de bonbecs, gâteaux de mamie et œufs de Pâques… Certes nécessaire au fonctionnement de nos muscles et de notre cerveau, il faut savoir le choisir, car le sucre le plus courant, le mieux connu, en poudre ou en morceaux, celui que l'on retrouve à peu près partout… est un infâme traitre !

Ce sucre-là est un poison, n'ayons pas peur des mots.

Obésité, hypoglycémie, diabète… La liste est longue pour cet assassin tapi un peu partout.

Bien sûr, on ne souffre pas toutes de ces maladies, mais le sucre favorise l'apparition à long terme de ces maladies et des états prédiabétiques, entretenant le cercle infernal de l'addiction au sucre et de l'hypoglycémie.

Car le sucre est une drogue, aussi puissante que l'héroïne (selon le Dr Abram Hoffer).

Déjà, parce que le sucre, c'est bon au goût. Ensuite, ça passe vite vite dans le sang. On est toutes shootées au bonheur sucré, on se sent hyper bien.

Et puis le corps essaye de faire son boulot. Réguler ce trafic anarchique de sucre dans les tuyaux : il balance une grosse dose d'insuline (l'équivalent de l'escadron de CRS… si le sucre était une horde de manifestants en furie). L'insuline arrive, elle fait son job : un gros coup de ménage qui fait du coup chuter le glucose dans le sang. La sensation de manque, on se sent moins performante, au ralenti, alors on se dit qu'on a besoin de sucre… Et c'est reparti pour un tour : glycémie qui augmente comme une folle, insuline à la rescousse, baisse du taux de sucre, envie de sucre…

Le sucre blanc, ça donne des caries, en aidant les sales petites bactéries sur les dents à se nourrir, pour qu'elles aient toutes les forces nécessaires pour jouer au poinçonneur des Lilas.

Le sucre blanc est carencé en vitamines, cette charmante poudre blanche ou joli petit cœur de sucre n'est rien de plus que de la matière brute ultra raffinée, sans aucun oligoélément, sans aucune vitamine, sans fibres non plus. Donc sans aucune utilité pour le fonctionnement de notre adorable petit corps. Pire : pour le digérer, le corps doit se servir de ses propres nutriments ! C'est un peu comme si vous deviez donner votre paire de Louboutin en échange d'une paire virtuelle… une arnaque monstrueuse !

Alors, comment on fait ?

On fait la différence entre les index glycémiques hauts et bas : l'index glycémique sert à mesurer la vitesse à laquelle le glucose passe dans le sang, il se mesure sur 100.

Plus c'est haut, plus ça passe vite, moins c'est bon (pour notre petit corps).

Exemple : les pâtes dites « blanches », c'est-à-dire celles qu'on trouve à peu près partout dans les rayons de nos miniprix : farfalles, tagliatelles et autres pennes bien cuites tournent autour d'un IG de 85, ce qui est très très haut ! Si on les remplace par des pâtes à la farine complète, l'index glycémique tombe à 35 ! Les pâtes complètes vont donc vous donner le glucose dont votre méga cerveau de femme parfaite a besoin, sans vous faire flancher au cours de la journée, car la pâte complète est fidèle, elle donne son énergie pendant longtemps. C'est un peu la Duracell de notre matière grise !

On bannit le sucre blanc. On ne le remplace surtout pas par du sucre de canne roux, prétendu meilleur et vendu en petits cristaux légèrement bruns : c'est le même que l'autre, mais caramélisé, donc pire encore (le caramel est reconnu comme cancérigène à cause de ses petites molécules carbonisées !!). Ne vous fiez pas non plus aux termes trompeurs du type « naturel » ou « brut ».

Le seul sucre qui peut remplacer le sucre blanc est le sucre complet, très riche en oligoéléments, éléments indispensables à une tonic attitude au top ! Il est vendu en poudre et est bien identifiable car il est de couleur brun foncé et assez compact. On en met partout, ça marche exactement comme l'autre, avec un vrai petit goût légèrement réglissé, naturel et délicieux !

Vous pouvez aussi tester le sirop d'agave, qui est délicieux dans les gâteaux et qui a l'énorme avantage d'avoir un index glycémique super bas ! Si vous voulez remplacer l'affreux sucre blanc dans un gâteau qui en contient 200 grammes habituellement, changez simplement pour 150 grammes de sirop d'agave, son goût est nettement plus sucré ! Et puis, avouez, c'est tellement glam' de pouvoir dire : « Le secret de mes cupcakes ? Le sucre de cactus, tout simplement ! »

Dans le genre petite botaniste de génie, il y a aussi la stévia, plante choupidoute au possible, dont les feuilles sont délicieusement sucrées. Une fois sèches, dans une tisane, c'est une pure merveille ! Vous pouvez même la cultiver sur votre rebord de fenêtre de cuisine, ça changera du basilic (qui crève TOUJOURS au bout d'une semaine sans qu'on sache vraiment pourquoi au juste…). L'extrait de stévia fait l'objet de nombreuses études scientifiques, car elle a l'incroyable capacité de faire baisser la glycémie, du coup, on se penche sérieusement sur son cas dans tous les labos du monde. Imaginez, un sucre idéal pour diabétiques, qui régule votre taux de sucre dans le sang tandis que vous mangez tranquille des cookies maison à la stévia, un pur moment de bonheur sans complexes !

On fait la chasse aux sucres (à index glycémique haut) cachés… Il y en a partout, regardez un peu pour rire (jaune) :

– Les contenus des boîtes de conserve de fruits, viandes, légumes…

– Ce qui se cache dans la charcuterie.

– Les jus de fruits prétendument naturels mais « à base de concentrés ». C'est ce fameux concentré qui double la dose de sucre.

– Un yaourt aux fruits classique (réputé « bon pour la santé ») vous gave de l'équivalent de trois sucres ! Imaginez le calcul si vous en mangez trois par jour pour « avoir du calcium » (on en reparlera : voir l'encadré sur les produits laitiers).

– On oublie les sauces toutes prêtes (pour 2 cuillères de sauce tomate, on se grignote un sucre, mine de rien !).

– On oublie les surgelés. Pour donner du goût, il y a du sucre même dans les plats salés (trop salés, d'ailleurs !).

– Les chips, en plus d'être horriblement grasses, ont un index glycémique de ouf malade : 70, soit beaucoup, beaucoup trop !

– Et bien entendu, ça va de soi (mais il faut quand même enfoncer le clou) : toutes les barres chocolatées, le chocolat, les gâteaux industriels, bonbecs en série, pains au chocolat (vous vous avalez l'équivalent de 7 morceaux de sucre avec un pain au choc', c'est quand même pas rien !), brioches, gaufres… je continue ou vous avez compris ce que je veux dire ?

– Dites-vous bien que la baguette du boulanger (la baguette classique), c'est-à-dire faite à partir de farine de blé raffinée (dite farine blanche) est un pur concentré de sucres (un index glycémique qui frôle les 95, c'est plus que le sucre en morceaux qui tourne autour de 72 !!).

Comment on fait alors ?

On troque tout simplement sa baguette quotidienne contre du pain complet ou intégral, dont l'indice glycémique est de 49 : une garantie pour de l'énergie à long terme sans aucun coup de pompe !

ON ARRÊTE DE SUCRER SON THÉ ET SON CAFÉ (d'ailleurs, on va arrêter de boire trop de café, voir plus bas !). De toute façon, un bon thé n'a pas besoin de sucre pour être apprécié à sa juste valeur. Allez demander aux Japonais, eux, vrais amateurs de thés, inventeurs de la cérémonie du thé (on fait pas aussi raffiné, même avec une tasse de George Clooney...), jamais ils n'ont eu de sucre dans leur tasse !

Si on sucre son thé, c'est soit parce que le goût n'est pas terrible et le sucre aide à faire passer, dans ce cas, mieux vaut s'en trouver un qui nous plaise vraiment (essayez pour voir les thés verts aromatisés aux fruits, ou bien les thés yogi indiens aux épices, la cannelle leur donne un goût sucré naturel), soit on sucre parce que sans le savoir on est totalement accro, ce qui est assez difficile à voir tellement le sucre est culturellement ancré dans notre façon de consommer.

LA VBI (Vraie Bonne Idée)

Faites un test d'une semaine sans sucre (à part le sucre naturellement contenu dans les fruits et légumes) : pas de pâtes à la farine blanche, pas de pain blanc mais du pain complet, pas de riz blanc non plus et, bien entendu, pas de sucreries. Si vous vous sentez un peu nerveuse au début, ne cherchez plus : vous êtes accro ! Si vous vous gavez de fruits pour compenser, *idem* ! Le sevrage au sucre est long et assez difficile pour certaines, c'est une béquille affective, un réconfort et un dopant des neurones. Pourtant, s'en passer est à la longue très gratifiant et assure une pêche à long terme. Vous pouvez passer par des phases de manque semblables au sevrage d'une drogue dure (si, si !), ça permet de solliciter la clémence de Jean-Jules rapport à la vaisselle qu'il reste à faire, par exemple !

Mon programme sucre idéal :

– J'ai toujours du sirop d'agave, de la stévia, du sirop de riz ou du sucre complet en poudre dans mon placard

– J'achète mon pain complet ou intégral en rayon bio.

– Tout les féculents de la maison sont complets : pâtes, riz, semoule, farine, quinoa…

– Gardez en tête que, les sucreries en tout genre, si vous n'en achetez pas, vous n'en aurez pas dans les placards, donc vous n'en mangerez pas ! C'est au supermarché miniprix que se joue la guerre antisucre !

– Les sucres rapides, c'est comme toutes les drogues : une dose en appelle une autre. Donc je ne commence pas à mettre mon nez dans le goûter des choupinets, sinon, les Haribo sont cuits et la machine infernale de l'appel du sucre se remet en route, carbonisant au passage nos espoirs de tonic attitude !

– Je mange des haricots secs, des lentilles en tout genre, des pois chiches, bref, des légumineuses qui vont empêcher les coups de barre où on a juste envie de se ruer sur les Chocobons de choupinette. Les légumineuses ont un index glycémique particulièrement bas (30), elles apportent donc des bons sucres, mais sur la durée.

Ennemi public numéro 2 : le gras

Quelle nouvelle incroyable, le gras, c'est pas bon pour la santé ! En fait, cette vérité-là est, comme pour le sucre, à double tranchant. Observez bien autour de vous les femmes qui font (ont fait) des régime « sans gras », c'est-à-dire avec aucun lipide qui traîne. Elle ont, passé un certain âge, la peau bien plus marquée que les autres, moins lisse et à l'aspect moins hydraté. Et dedans, c'est pareil (pitié, n'essayez pas d'imaginer, ça donne mal au cœur). Tout simplement parce que le gras, comme notre « ami » le sucre, est TOTALEMENT indispensable à notre équilibre intérieur. Les petits lipides servent à construire nos cellules, à les rendre plus perméables, c'est-à-dire à ce qu'elles fassent de meilleurs échanges avec ce qui se passe dehors, se nourrir et virer leurs déchets.

Or, notre corps est constitué exclusivement de cellules, qui grandissent et se différencient (en gros, elles choisissent leur orientation pro : quand je serai grande, je voudrais être une cellule sensorielle des papilles m'sieur !) pour former notre foie, notre cerveau ou notre cœur… En gros, la cellule nous ressemble, elle à une couche de gras tout autour qui fait tampon (ou qui agit comme une zone tampon). Mais elle est comme nous la cellule, si on lui donne du mauvais gras, elle ne fait pas sensation au bal des cellules. Elle est moins perméable, les autres ne viennent plus trop vers elle, ils ne peuvent pas passer…

Une cellule sans lipides, c'est un peu comme Lucky Luke sans son cheval : elle ne sert à rien.

Sauf que, comme pour le sucre, il faut savoir choisir. Se gaver de beurre et de crème fraîche N'EST PAS la solution quotidienne pour dorloter nos cellules.

Nous allons donc attaquer la partie où vous devez mettre vos neurones en mode actif, et ce même si vos orteils restent irrémédiablement en éventail…

Le gras, c'est trois grandes catégories : les acides gras saturés, les acides gras mono-insaturés et les acides gras poly-insaturés. On appelle « acides gras saturés » ceux qui n'ont pas de liaisons dans les chaînes de carbone de leur structure moléculaire. Comment on les reconnaît ? Tout simplement parce qu'ils sont solides à température ambiante, par exemple : le beurre, le beurre de karité, la graisse de noix de coco…

A priori, comme ça, on pourrait trouver plutôt cool d'imaginer que, la structure, c'est un couple. On se dirait : pas liaisons, pas de problèmes ! Sauf que, bon, les lois de la chimie de notre petit corps ne sont pas tout à fait les mêmes que celles qui régissent un couple solide traditionnel, va falloir annoncer à Jean-Jules que vous avez besoin de liaisons (dans la cuisine de préférence) pour être en forme !

On trouve des acides gras saturés plan-plan dans la viande de bœuf, de porc, de mouton (quand je vous disais qu'on finit par ressembler à ce qu'on mange, vous avez déjà vu un mouton polygame et libertin, vous ?) et dans toutes les cochonneries transformées que l'on nous vend chez miniprix : gâteaux, tartes, chips, viennoiseries et plats cuisinés surgelés…

Les acides gras mono-insaturés sont, quant à eux, vraiment très sympas, avec leur double liaison ! En effet, la double liaison les rend plus souples (normal, me direz vous…) et du coup, nos petites membranes cellulaires suivent le mouvement délicieux d'ondulation… Bref, vous pouvez dès à présent être certaine qu'avec un peu d'huile d'olive, de colza, de noix ou quelques avocats, vous allez faire plaisir à vos cellules et à leur besoin de batifoler en toute tranquillité.

Mais ce n'est rien comparé à nos incroyables amis les acides gras poly-insaturés, qui cumulent à eux seuls plusieurs doubles liaisons.

Oui, je sais, ça laisse rêveuse ou horrifiée, selon le degré de libertinage ou de moralité où vous vous situez, chère paresseuse… Eux ne s'embarrassent pas de soucis moraux, d'autant que ces doubles liaisons sont essentielles à notre cerveau, nos artères et… nos hormones ! Et oui, finalement, tout est lié, tout est histoire de liaisons !

Ces acides gras poly-insaturés, donc, se divisent en deux familles, bien connues désormais puisque de nombreuses études se sont penchées sur leur cas : les oméga 3 et les oméga 6.

Eux, on les appelle affectueusement Acides Gras Essentiels (AGE) et pour cause : ce sont ceux que le corps ne peut pas fabriquer tout seul. Et pourtant, il en a super-grave besoin : sans ça, il ne peut pas transporter les vitamines dites « liposolubles », celles qui jouent leurs princesses et n'acceptent d'être transportées QUE dans un carrosse d'AGE (acides gras essentiels), j'ai nommé les vitamines A, D, E et K.

Il faut donc les trouver dans notre alimentation, et vu qu'ils ont un rapport direct avec notre (bonne) humeur, mieux vaut ne pas les ignorer trop longtemps. Comment savoir qu'on a une huile de la famille oméga 3 ou 6 devant soi ? Déjà, contrairement au graisses saturées, elles ne se figent pas à température ambiante. Facile : il y a l'huile d'olive. Ensuite, 3 et 6 ont des aliments en commun, comme l'huile de germe de blé, de colza, de soja…

Le vrai souci, c'est qu'elles se font concurrence, car elles ont besoin des mêmes enzymes, minéraux et vitamines pour être assimilées.

Elles sont à la fois complémentaires et ennemies, tout est histoire de proportions. L'équilibre parfait pour la santé se situe idéalement autour de cinq parts d'oméga 6 pour une part d'oméga 3.

Dans notre alimentation et mode de vie actuels, il est pourtant courant de consommer dix à trente parts d'oméga 6 pour seulement une d'oméga 3 ! Et plus on se farcit d'oméga 6 et moins on assimile les oméga 3…

Cet inversement de proportions d'oméga 6 et 3 est dû à trois causes principales :

– l'avènement de l'agriculture et l'élevage intensifs a raréfié la quantité d'oméga 3 dans nos assiettes au profit de l'oméga 6.

– on mange moins de poisson sauvage et moins de poisson tout court qu'avant.

– les huiles végétales sont de plus en plus raffinées. On raffine les huiles pour leur enlever une odeur trop forte, une couleur trop prononcée, et pour éviter qu'elles ne deviennent trop vite rances, car une huile bourrée de bons oméga 3 est très fragile à l'oxydation, à la lumière et à la chaleur.

Il faut donc, en tout logique, augmenter sa consommation d'oméga 3. C'est là qu'on se tourne vers notre copine la salade de mâche arrosée d'huile de lin ou de chanvre, car ces trois aliments sont très riches de nos précieux AGE estampillés oméga 3. On peut aussi introduire des poissons sauvages du type thon, sardine, saumon, maquereau, flétan, hareng et esturgeon et des oléagineux comme les noix, les amandes, les noisettes…

La VBI (Vraie Bonne Idée) : œil de lynx chez miniprix, je sais ce que j'achète

Comme on en a mangé à toutes les sauces, on a fini par intégrer que, les oméga 3, c'était le pied pour à peu près tout. Donc, on essaye d'en acheter un max. Donc, les industriels agroalimentaires en tout genre ont flairé la bonne affaire. Et vas-y que je te vante ma salade enrichie oméga sauvages garantis… Heureusement que l'AFSSA (Agence Française de Sécurité Sanitaire des Aliments) a mis son nez dans la poule aux œufs d'or pour nous informer.

Ca donne donc deux choses bien différentes :
– Vous avez les « **aliments sources d'acides gras oméga 3** », qui vous apportent 15 % (pour 100 g, 100 ml ou 100 Kcal) des ANC (apports nutritionnels conseillés) par jour pour un adulte.
– Et les aliments « **riches en acides gras oméga 3** », qui vous apportent 30 % des ANC pour la même quantité de 100 grammes, millilitres ou kilocalories.

Enfin, traquez les mentions « huile de palme » ou « huile végétale hydrogénée » sur les paquets. S'il y en a dedans, vous n'en voulez pas !

Bien entendu, le mieux est aussi de savoir quoi éviter pour ne pas frôler l'overdose d'oméga 6. Là, facile, on en trouve beaucoup, partout, à commencer dans les produits transformés (pâtisseries industrielles), la graisse animale, le beurre, l'huile de tournesol, de maïs, de soja, la margarine…

Donc, pour éviter d'être ronchon, on évite le pavé de rumsteack sauce beurre à l'ail à tous les repas !

Rendons tout de même au bon beurre bio tout frais du printemps une certaine justice : à raison de 15 grammes par jour, aucun risque de cholestérol si le reste de votre alimentation est équilibrée !

Les vraies paresseuses, qui auront sauté le paragraphe précédent parce qu'il y avait trop de numéros à lire, n'ont qu'à lire tout simplement ceci :

Les 10 règles de survie du « bon » gras

1. Le gras, c'est la vie. Mais je le choisis avec autant de soin que ma crème de jour, riche en bonnes choses.

2. Je n'achète donc QUE des huiles première pression à froid, de préférence bio.

3. Je les garde au frigo, elles sont comme moi, belles et à croquer, mais fragiles (l'huile d'olive est tout-terrain, elle peut donc rester dans le placard).

4. Je ne les fais pas cuire, ça les transforme en mauvais gras.

C'est parfait sur la salade et les légumes, purées et soupes déjà cuites.

Et je ne mange des frites que TRÈS rarement.

5. J'en mange l'équivalent de trois cuillères à soupe par jour, c'est la juste dose pour être aussi belle et bien hydratée dedans que dehors.

6. Je suis une aventurière de la sauce salade, je teste des nouveaux goûts pour varier les plaisirs et les bienfaits : huile de germe de blé, de lin, de noix de Grenoble, de chanvre, de noisettes…

7. La salade bio est ma copine d'oméga, je broute donc de la mâche, du chou et de la laitue.

8. Je mets au menu des poissons sauvages, ça fait très bobo-bio et ça marche même avec la sardine ! Ou version plus menu de fête, du saumon.

9. J'oublie définitivement la margarine industrielle. Même pour la cuisine. Même pour les tartines. Même si son pot affirme qu'il y a plein de bons trucs avec des 3 et des 6 dedans. Tout ce que vous faites avec ça peut être remplacé par autre chose. Pour cuire : l'huile d'olive. Pour tartiner : voir numéro 10.

10. Je remplace le beurre ou la margarine de mes tartines du matin par de la purée d'amandes ou de noisettes, mes cellules adorent et c'est délicieux. Je peux même me servir de la purée d'amandes pour faire des béchamels ou des trucs salés à tartiner à l'apéro (ça nous changera des chips !)

Ennemi public numéro 3 : le sel

Le constat est évident : dans tous les plats préparés, sur la table, on met du sel, du sel, du sel. Considéré jadis comme un produit de luxe et utilisé pour conserver les aliments, le sel est devenu un moyen bon marché de duper le gentil consommateur que nous sommes. Il relève le goût, certes, mais aussi, il permet d'augmenter le poids de la viande à peu de frais, car le sel absorbe et retient l'eau et un steak avec plus d'eau dedans… est plus lourd, donc plus cher !

Des six grammes recommandés pour l'équilibre indispensable de nos pompes à sodium-potassium internes (une sorte de réseau SNCF de transport intra et extra-cellulaire), nous sommes passés à environ… dix grammes ! Voire douze pour les plus accros.

Le résultat, il augmente les soucis d'hypertension (tension trop élevée) chez les personnes ayant déjà des soucis de cholestérol. Des risques d'accidents vasculaires cérébraux chez les personnes en surcharge pondérale. L'ostéoporose est aussi aggravée par une surconsommation de sel. Cette maladie survient le plus souvent à la ménopause, et c'est le nom savant pour dire « perte des minéraux qui sont dans les os », donc plus grande fragilité de notre structure. Le sel, en trop grosse quantité, facilite la perte de calcium dans les urines, or, le calcium, on le saura, est l'élément avec un grand E qui constitue nos os. Le coup de grâce pour finir ? Le sel favorise la rétention d'eau, exactement comme pour le steak de tout à l'heure. Une majorité d'entre nous peut donc éviter la perverse cellulite due à la rétention d'eau (ok, c'est pas la seule à nous faire gonfler, mais ça, plus le gras, plus le sucre = grosse baleinasse de la culotte de cheval !).

Que des trucs assez loin d'être cool-glam'-funky-style en somme.

La VBI (Vraie Bonne Idée) ?

On goûte avant de remettre du sel.

On tente la soupe du soir sans sel ajouté pour bien sentir le goût des légumes.

On se fait le grand frisson – découverte avec le sel mélangé au sésame : le gomasio, condiment japonais qui donne l'impression d'en mettre plein alors qu'on sale deux à trois fois moins.

On tente aussi les sels aux herbes et épices, qui rajoutent du goût sans (trop) saler.

On ne met pas de salière sur la table. Un peu intégriste mais très efficace.

On archi-limite sa conso de plats surgelés, tout prêts, y compris les soupes en brique. La soupe en brique est une traîtresse qui nous fait croire qu'elle va nous fournir un pur sésame minceur-bien-être, avec ses cinq légumes, qui sont en realité bourrés de sel.

Le café

Le petit noir du matin, à bannir ou à chérir ? Avant de prendre sa décision, quelques petites choses à savoir :

Le café

– Augmente les palpitations de notre petit cœur pendant trois à quatre heures après ingestion.

– Augmente la concentration sanguine de cholestérol.

– Augmente légèrement la tension artérielle.

– La caféine stimule, mais déclenche une réponse de nos petites glandes de régulation du stress : les surrénales. Trop de café = trop de stimulation = fatigue après le coup d'accélérateur.

Sur le très long terme et conjugué à une vie fatigante et stressante, le café n'aide pas, il épuise les dernières réserves en déclenchant une réponse au stress par les surrénales.

– Il y a des lipides dans le café ! Celui concerné : celui de la cafetière à piston. Le mode de filtration, contrairement à celui du café filtre ou expresso, laisse passer les lipides. Rien de bien méchant, mais on le note quand même.
– Il y a aussi des antioxydants dans le café, et ils auraient un effet protecteur sur l'apparition des symptômes de la maladie de Parkinson.
– Boire un café à jeûn le matin perturbe souvent les intestins : le liquide du café se mêle aux sucs gastriques accumulés pendant la nuit et se déversent tels quels dans les intestins. C'est acide, ça peut créer à terme des brûlures d'estomac et des diarrhées…
– C'est aussi pour cela que les personnes au transit lent trouvent certains bénéfices au café : il stimule les intestins paresseux !

Le café, c'est acide. Tous les aliments acides ou acidifiants sont déconseillés en période de stress, de froid, si on est maigre, à la silhouette longiligne, malade, fatiguée…

Thé noir et café, même combat (ou presque !) ! Le thé noir (earl grey, darjeeling, ceylan et tutti quanti) contient de la théine, qui est aussi excitante que la caféine. 90 miligrammes d'excitant pour le café contre 40 pour le thé noir, mais ça compte !

Le café est diurétique, ce qui implique des risques de déshydratation. Buvez un grand verre d'eau avant votre petit noir, comme les vrais amateurs !

Le café aurait des effets indésirables sur l'arthrose, à cause de son acidité. S'il y a des cas d'arthrose dans votre famille, limitez votre consommation !

Il est plutôt déconseillé aux femmes enceintes, rapport aux risques de fausses couches dans le pire des cas, de sauts périlleux du bébé dans son cocon pour le moins pire (le cordon transmet TOUT ce qu'ingère la maman !)

L'alcool

Il détruit votre foie à petit feu, donne mauvaise haleine, rend bête, oui, m'enfin… qu'est-ce qu'une vraie paresseuse sans un petit verre de champagne de temps en temps ? Vous le savez, tout réside dans la quantité. Un ou deux verres de temps en temps, ça passe. Plus, ça craint. Sans parler des risques à long terme de cirrhose (destruction des cellules du foie), du nez rouge en patate avec cratères en cadeau bonus. Le foie sert à tout et toutes les réactions physiologiques de notre petit corps sont régies par lui. C'est utile comme une alliance sertie de diamants pour repousser un dragueur lourdingue. Il faut donc le bichonner. Première mesure : si vous buvez un verre de temps en temps, que vous pensez être une consommatrice occasionnelle, faites le test : 21 jours sans alcool. Pas un p'tit verre, pas la moindre goutte. Juste pour voir si ça vous manque. Et aussi pour mettre votre foie au repos. Teint frais, pêche d'enfer, les bénéfices sont très rapides et visibles.

Ensuite, pour reprendre la vie de patachon, on choisit ses boissons avec soin, on préfère le vin naturel, qui est l'équivalent d'un vin bio qui lave plus bio, sans pesticides (une étude a montré que certains vins non bio et non naturels ont des concentrations en pesticides 5 800 fois supérieures aux quantités limites autorisées dans l'eau de boisson, ça fait froid dans le dos ! Ils sont cancérigènes, neurotoxiques, perturbateurs endocriniens… et parfois les trois en même temps !).

Car, comme par hasard, le lendemain de quelques verres de vin naturel, on se sent moins pâteuse. N'oubliez jamais que l'alcool déshydrate (on soupçonne le mal de crâne du lendemain d'être entre autres causé par cette déshydratation) et utilise la vitamine B de notre corps. Cette vitamine est précieuse pour la régulation de l'humeur, d'où un mal être quasi existentiel les jours de face de sabot.

Bon à savoir : pourquoi on peut s'en passer

Le gluten

Vous l'avez vu, cette belle blonde secouant sa chevelure parfaite à côté d'un enfant tout aussi parfaitement blond ? Estelle Lefébure raconte partout les merveilles de son régime sans gluten.

Si c'est ça, on fait tout pareil pour avoir les même cheveux, les mêmes jambes aussi. Mais bon, faudrait déjà savoir ce que c'est. Le gluten est un mélange de la protéine contenue dans le blé et d'amidon. Y'en a aussi dans le seigle, l'avoine et l'orge. Le meilleur moyen mnémo-technique reste de se souvenir de SABO (Seigle, Avoine, Blé, Orge).

C'est le gluten qui donne l'élasticité à la pâte à pain. C'est aussi pour ça qu'il colle un peu trop parfaitement à nos parois intestinales. Il remplit les microreplis si précieux de nos fragiles membranes intestinales, empêchant comme un mastic les échanges indispensables. L'intestin s'encrasse et fait moins bien son job. On soupçonne le gluten d'être à l'origine de beaucoup de pathologies auto-immunes et de pas mal de désagréments intestinaux et périphériques. Les symptômes sont différents pour chacun, mais on retrouve souvent, en vrac : douleurs abdominales, selles molles ou constipation, maux de tête, mauvais retour veineux, ballonnements, fatigue intense après le repas (surtout si vous avez mangé des pâtes ou un autre truc à base de blé), voire déprime passagère.

Comme savoir si l'on est allergique ou juste intolérant ?

Il suffit de se passer de gluten pendant dix jours et de voir comment on se sent. Ou alors, version feignasse, de faire le test chez un allergologue ou encore une prise de sang dans un labo spécialisé dans les intolérances alimentaires.

Pour passer le test, supprimez radicalement la baguette et tout ce qui se trouve chez le boulanger, les pâtes, pizzas, gâteaux, quiches... Remplacez par du riz, du quinoa, de l'amarante, de la farine de blé noir (qui est en réalité du sarrasin, presque sans gluten), des pâtes à base de riz ou de maïs. Remplacez le pain par des galettes de riz, des crackers au sarrasin. Faites des quiches dont la pâte est faite de polenta, des gâteaux avec de la farine de riz (voir recettes express en fin de chapitre), des crêpes bretonnes au sarrasin et zou ! Plus de gluten ! Si votre ventre dégonfle, que vous vous sentez légère, svelte, en forme, ne cherchez plus, virez définitivement cet intrus de votre quotidien.

Les produits laitiers

Il y a débat depuis des années entre ceux qui disent : « Bois du lait si tu veux grandir » et ceux qui s'indignent à base de : « Le lait, c'est une sacré vacherie ! »

Les camps restent divisés entre radicaux des deux partis.

Il n'empêche que du côté des Japonaises, qui n'ont jamais tâté les pis de nos bonnes vaches, l'ostéoporose (encore elle) était, jusqu'à l'introduction des produits laitiers au Japon, une pathologie inconnue. Que les peu ragoûtantes pertes blanches, qui utilisent tellement de serviettes de protection « hygiéniques », diminuent significativement lorsque l'on stoppe les quatre produits laitiers minimum par jour. Que les bronchites à répétition, otites et sinusites, eczémas atopiques, autant chez les enfants que chez les adultes, sont souvent en lien étroit avec la prise massive de yaourts, fromages et lait à boire. Je l'entends, la petite voix de la lectrice qui dit : « Oui, mais le calcium ? »

Pensez aux Japonaises : pas de lait, pas d'ostéoporose, donc du calcium, si indispensable, il doit bien y en avoir ailleurs ! Dans les légumes frais, crus ou juste saisis, dans les oléagineux comme les amandes, les noisettes, les noix, dans le sésame (en grosse quantité), mais aussi dans les algues alimentaires. Tiens donc, comme par hasard, les Japonaises, elles en mangent, des algues ! (Pensez sushis = algues wakamé.) Et du sésame aussi !
Le lactose, sucre contenu dans le lait de vache, semble difficile à digérer car c'est une grosse molécule. Le lait de brebis ou de chèvre passe plus facilement, souvenez-vous-en avant de vous ruer sur le camembert coulant, optez plutôt pour un adorable crottin frais ou sec !

Mon nouveau placard de tonic girl

Maintenant que vous savez tout ou presque, quoi traquer au miniprix pour ne pas se faire avoir.

Les indispensables

Les céréales

Késako ? C'est LA famille de plantes à la base de notre alimentation. Sous forme de graines, farines, flocons, bouillie, on fait tout avec des céréales ! En Europe et Moyen-Orient, c'est surtout le blé, le maïs en Amérique du Sud, le riz en Asie et le mil en Afrique noire. On considère souvent à tort le quinoa comme une céréale, mais elle fait en réalité partie de la même famille que les betteraves.

Les céréales nous permettent d'avoir des glucides (sucres), sources d'énergie sur le long terme. Il en faut donc à tout prix dans notre placard de tonic girl.

Les céréales nous réchauffent en hiver et sont très rassasiantes, pleines de fibres, donc indispensables quand on ne veut pas prendre un gramme. Pas de coup de pompe par manque de sucres, pas de grignotages, pas de transit paresseux, pas de kilos en trop. L'équation est simple comme notre première culotte Petit-Bateau, efficace et sexy.

Les céréales sont efficaces quand elles sont complètes, c'est-à-dire non raffinées, on ne leur a pas enlevé leur enveloppe protectrice de fibres. C'est dans cette enveloppe qu'il y a tout les nutriments et fibres précieuses. En revanche, gardez-vous bien d'acheter du riz ou des pâtes complètes qui ne seraient pas bio, car l'enveloppe garde aussi tous les pesticides ! Ne cramez pas tous les bénéfices en vous gavant de fongicides, pesticides et engrais néfastes ! Il faut faire cuire un peu plus longtemps les céréales bio, mais qu'importe, la paresseuse sait prendre le temps lorsque sa santé et sa beauté sont en jeu !

Les légumineuses

Les légumineuses sont riches en tout. On trouve, selon les espèces, des vitamines, minéraux et oligoéléments à gogo dedans. Elles furent accusées à tort de nous faire prendre du poids, alors qu'elles sont en réalité une excellente source de nutriments. Alliées de choc pour garder une silhouette de rêve, elles contiennent les bons glucides, rassasiant comme il faut, sans un gramme de mauvais gras, à condition, bien entendu, de ne pas faire une alliance diabolique quotidienne lentilles-saucisses de Toulouse.

Plus de protéines et moins de lipides que la viande ou les œufs, plus de calcium que le calendos de mamie (les pois chiches par exemple) et moins cher que moins cher !

Je dirais même plus, totalement bon marché, parfaites pour équilibrer un budget de famille nombreuse ou de célibataire fauchée qui préfère mettre son blé dans les sorties... Tant qu'on parle de blé, je l'évoquerai plus loin, blé + lentilles (et de façon générale céréales + légumineuses) = protéines comme dans un steak, mais meilleures pour la santé.

Dans la famille des légumineuses faciles à vivre, je voudrais les z' haricots et de toutes les couleurs, s'il vous plaît : rouge, noir, vert, blanc, de quoi les assortir à notre manucure... les lentilles, bien sûr les vertes, mais pas que.

Il y a aussi les super jolies lentilles corail, d'un orangé du plus bel effet (avec le gloss corail qu'on ne manque jamais de nous ressortir comme étant THE tendance de l'été, ou du printemps... Que la première qui ose penser que c'est une obsession d'hystérique de vouloir assortir ce que l'on mange à son maquillage me jette ses macarons à la rose et son vernis pink pâle assorti !), gorgées de fibres, fer et magnésium.

Pois cassés, pois chiches, soja... Toutes ces légumineuses sont réellement précieuses.

Parfois contrariantes sur le plan digestif : si on ne mâche pas bien, si on a tendance à mal digérer, on se retrouve pire qu'une montgolfière, boudinée dans son jean et on zappe sans autre forme de procès ces copines, alors qu'il ne faut pas grand-chose pour se réconcilier avec elles.

De la sarriette ou de l'algue nori dans l'eau de cuisson, de la noix muscade en poudre après cuisson devraient bien vite relancer la love-story dans l'assiette.

Les légumes

On ne le sait que trop bien, sans légumes, on craint. Pas la peine de convoquer les horribles souvenirs de régimes minceur, le légume triste, fade et sans goût.

Le légume reprend du peps, le légume a la cote. On l'achète à son petit maraîcher du coin, paskon est écolo et qu'on favorise la production locale et de saison (voir le campanier par exemple). On redécouvre avec joie et le frisson d'une aventurière en terre inconnue des vieux légumes étranges et injustement oubliés : panais, potimarron, blette, tomate cœur de bœuf et autres chou chinois. Vous faire une liste de leurs bienfaits serait fastidieux et déjà vu. Même en vivant dans une grotte de Tasmanie, on sait pertinemment qu'il en faut mini 5 par jour. Parce que c'est plein de fibres, donc bon pour le transit, pour capter les graisses, réduire les risques de cholestérol et donc de maladies cardio-vasculaires, plein de vitamines, plein de minéraux, bon pour le teint, pour la pêche et bon tout court. Et quand on est sur-débordées, ça marche quand même de les congeler.

Les conserves sont assez fiables au niveau nutritionnel, sauf si elles sont bourrées de sel et autres additifs.

Côté cuisson, pour garder leurs qualités :

– C'est toujours mieux de les manger frais, à peine saisis, comme savent le faire les Asiatiques avec un wok bien chaud. Déjà, ça donne au p'tit légume un croquant incroyable, ça rehausse les saveurs et en plus ça garde à peu près bien les vitamines.

– La version vapeur est topissime niveau vitamines, à condition que la température de cuisson n'excède pas 95 degrés. Il existe des appareils de cuisson faits exprès, increvables et ultra-fiables.
– Si vous assassinez les vitamines avec une cuisson longue (ratatouille), consolez-vous en disant que les fibres, elles, restent !
– Et pour avoir une soupe maison top-niveau en fibres ET vitamines, le truc de paresseuse numéro un, c'est de mixer un morceau de légume cru avec la soupe déjà cuite !
– La cuisson douce à l'étouffée est aussi bien pour garder les fragiles nutriments, à condition, là encore, de ne pas mettre le feu à pleine puissance !

Bien entendu, les manger crus, c'est encore la meilleure façon de savoir que l'on fait son stock de vitamines :
– À vous la râpe magique ! Essayez donc pour voir de râper de fines tranches de courgettes fraîches à l'économe, servies avec un peu d'huile d'olive, ça fait des tagliatelles crues d'une finesse de goût démente !
– Pour que vos monstres blonds ou Jean-Jules consentent à manger des légumes crus, LA ruse de Sioux est la suivante : investir dans une centrifugeuse. Là, on leur colle direct trois carottes, une orange, une pomme et un bout de betterave crue et le tour est joué !

Choisissez la qualité de vos légumes :
– Essayez le plus possible de choisir des légumes issus de l'agriculture bio, rapport aux pesticides qui ne sont jamais des alliés tonic attitude.

– Essayez le plus possible d'avoir des légumes frais, cueillis la veille.

– Ça ne sert à rien de se gaver de légumes qui traînent depuis six jours sur l'étalage, ils sont cliniquement morts, donc pas intéressants pour votre tonic attitude !

Les sucres

Il faut donc oublier le sucre blanc, raffiné, même bio. À la place ? Du sirop d'agave, du sucre complet, du sucre de stévia, de riz, d'épeautre, d'érable, de pomme… Le choix est vaste et facile à cuisiner. Moins rapides à assimiler que les glucides simples, ils sont bien plus bénéfiques pour la santé. N'oubliez pas que le sucre contenu dans les fruits est de loin le meilleur, le plus sain et le plus simple… et que, au quotidien, vous pouvez vous passer de sucre.

Les algues

On ne dit pas « beurk » avant d'avoir goûté !

Les algues, c'est plein de calcium, de minéraux et d'oligoéléments en direct de la mer.

Il y a tout d'abord les makis, qui nous permettent d'aborder en douceur l'univers fascinant des algues. On les trouve en épiceries japonaises ou en boutiques bio, parfois même au miniprix, rayon produits exotiques.

À part les makis, comment on les mange, les algues ? On les met dans l'eau de cuisson des légumineuses pour les rendre plus digestes (kombu), on les saupoudre dans les salades quand elles sont en paillettes, on en fait de délicieux tartares, mélangées avec un peu d'ail, de vinaigre et d'huile, à tartiner en apéro et tout simplement délicieux (et pour les feignasses, y'en a aussi des tout prêts, des tartares d'algues.).

Familiarisez-vous avec ces nouveaux noms tellement… kawais (qui signifie « mignon ») : wakame (dix fois plus riche en calcium que le lait !), nori (l'algue qui entoure nos makis), kombu, dulse…

L'association céréales-légumineuses

C'est aussi riche en protéines qu'un steak, plus écolo que de nourrir, élever et tuer une vache, moins bourré de graisses saturées et moins cher, que demande le peuple d'éco-fashionnistas-paresseuses ? Moins d'euros dans la viande, plus de sous dans le dressing, moins de gras et plus de protéines, moins de culotte de cheval récalcitrante, pi c'est tout.

Démonstration : 70 % de la surface agricole mondiale est occupée par le bétail, que ce soit pour la production des céréales pour les nourrir ou simplement l'espace occupé par les élevages.

Et aussi

Les graines germées sans se farcir trop le chou, c'est simple :

- soit vous êtes une mégaparesseuse et vous achetez des barquettes de graines déjà germées (c'est, je l'avoue, ma version favorite !) que vous gardez au frais dans le compartiment légumes du frigo.
- soit vous êtes méga-écolo (ou vous recherchez une activité pour occuper les bambins) et là, vous optez pour le fait-maison. Pas très compliqué, il faut un pot à confiture dont on remplace le couvercle par un tissu à petits trous, comme du tulle par exemple. On fait tenir ce nouveau couvercle

ultra-respirant en l'entourant d'un élastique, le germoir est prêt. Pour faire germer de l'alfafa, il faut les réhydrater trois heures environ dans de l'eau (filtrée de préférence, vu qu'on la consommera d'une façon détournée).

Au bout des trois heures, on jette l'eau de trempage, on rince les graines et on égoutte le tout, pot la tête en bas pour que l'eau ne stagne pas.

Rincez vos graines une fois par jour et au bout de trois-quatre jours, les germes arrivent, il est temps de les manger !

Du coup, il faut s'organiser un minimum, mettre la prochaine culture en route avant d'avoir fini la première, histoire de ne jamais être à court, ça serait dommage !

Le soja *(versus le steak old school)*

Le soja, c'est plus green et ça n'est pas seulement le tofu blanc sans goût en barquettes. Désormais, outre les délicieux steaks végétaux tout prêts aux saveurs variées (très utiles pour remplacer le bœuf dans les tomates farcies), on trouve également des saucisses (oui, oui !) et des tofus mélangés à de l'olive, du basilic, parfaits en petits cubes dans les salades composées !

Les huiles végétales

Toujours crues sur des légumes déjà cuits, sur le riz, dans les soupes... Essayez par exemple l'huile de germe de blé, véritable elixir de beauté pour la jeunesse et la souplesse de la peau.

Les sources de calcium (autres que les produits laitiers)

- Les choux, brocolis et autres crucifères
- Les graines de sésame, amande et noisettes…
- Les algues : wakame, nori, kombu…

L'eau

C'est simple comme tout : nous sommes des aquariums sur pattes ! Pour une consommation quotidienne, mieux vaut privilégier une eau peu minéralisée. Toutes les eaux riches en calcium ou magnésium sont à réserver à de courtes périodes, comme des cures. Il est préférable de choisir une eau dont les résidus à sec sont inférieurs à 130 mg par litre (ce dosage figure sur les étiquettes).

Trucs de paresseuses : mes basiques des courses infatigables ou les trucs à avoir sous la main pour ne pas se fouler le poignet :

Dans la catégorie basique increvables et peu périssables (faire un gros stock ne nuit pas) :

Pois chiches
Lentilles corail
Haricots rouges
Pois cassés

À associer à du riz complet ou demi-complet, riz carnaroli complet pour les protéines !
Quinoa
Pâtes complètes et demi-complètes
Polenta

Farine de riz complet
Farine de sarrasin
Farine de blé complet

Coulis de tomates en brique
Lait de coco en brique
Purée d'amandes blanches

Beurre de cacahuète
Purée de sésame (tahin)
Huile végétale mélange colza-olive
Crème de soja ou de riz en brique

Épices indiens pour *Chana massala, vegetable biryany*
Ail
Oignons

Dans la catégorie périssables mais indispensables (à acheter tout les quatre jours environ) :
Une barquette de graines germées douces, type alfafa
Salade
Légumes et fruits de saison

Les dix façons de savoir qu'il est temps de changer de menu

1. Vous avez envie de dire oui à la vie, oui aux carottes biologiques et à la paix dans le monde (= vous nourrissez le secret espoir d'être élue Miss France).

2. Après le repas, votre ventre ressemble à un ballon de fête foraine : gonflé à l'hélium.

3. Vous ne rentrez plus dans le jean de référence, celui qui vous allait comme un gant il y a deux ans.

4. Marion Cotillard est belle, elle est bio et elle ose poser au naturel pour les couvertures de grands magazines. Elle doit probablement manger des graines germées pour avoir un teint de rose à peine éclose. Tout le monde a le droit au teint nature et frais, tout le monde a droit aux graines germées !

5. Vos cheveux sont comme vous : mous.

6. Vous avez envie d'épater belle-maman avec votre blanquette au seitan, ça lui donnera peut-être des idées pour remplacer le pot-au-feu du dimanche.

7. Même Jérôme, votre pote abonné au Mc Burger, est devenu croqueur de légumes et accroc au jus de carottes.

8. Vous avez envie d'ouvrir votre horizon culinaire à l'exotisme d'un curry de lentilles corail ou d'un risotto au quinoa.

9. Vous savez que la nouvelle tendance est *green* et la tendance, c'est vous.

10. Vous avez besoin de faire des économies pour votre prochain trench. Manger des graines, c'est moins cher qu'un steak.

3

Comment choisir mes alliés vitalité, toute l'année

Une trousse de survie dans mon sac

Une tonic' girl devrait toujours avoir certaines choses sur elle, ou dans son placard. Telle une sorcière des temps modernes, bénéficiant du meilleur de la nature conjugué aux découvertes scientifiques les plus pointues.

Associé à quelques cures détox dans l'année, c'est la garantie contre tout les bobos que l'on croyait inévitables.

Les huiles essentielles de la dynamite-girl

Pas la plus petite pharmacie ou miniprix du coin qui n'ait compris que, certes, nous sommes manucurées jusqu'au plus petit orteil (les bons jours) mais qu'en nous sommeille une bête assoiffée de verdure, de grands espaces infinis et de bivouacs romantiques autour d'un grand feu et de séquoias géants ! Bref, le vert, ça inspire, ça requinque et si on n'a pas toutes le temps d'aller faire courir le grand fauve qui dort en nous dans les bois, et bien, il faut trouver ailleurs, en flacon, de quoi tenir jusqu'aux prochaines vacances à petons en éventail sur mer !

Pour ça, première solution miraculeuse : les huiles essentielles ! Véritable condensé de la plante, il faut par exemple plusieurs tonnes de pétales pour faire un flacon d'huile essentielle de rose ! D'autres huiles, comme les huiles essentielles d'agrumes, sont moins compliquées à extraire, avec un meilleur rendement, donc moins chères.

Pour la petite histoire

Les huiles essentielles se retrouvent 6 000 ans avant J.-C., dans les textes sacrés indiens, les Vedas, mais aussi chez les Sumériens, en Égypte, chez les Hebreux, les Grecs et les Romains.

On raconte qu'au Moyen Âge les terribles épisodes de peste épargnaient systématiquement les parfumeurs et leurs familles...

On considère comme un des pères fondateurs de l'aromathérapie contemporaine René-Maurice Gattefossé, ingénieur chimiste, ainsi que Jean Valnet, médecin aromathérapeute qui se servit de ses connaissances pour soigner les blessés de guerre, notamment au Tonkin, avec de meilleurs résultats sur ses patients que ceux traités uniquement par allopathie.

Ne confondez pas *huile essentielle* et *essence* : on appelle « essence » le produit sécrété par certaines molécules des plantes aromatiques. L'huile essentielle, elle, est le résultat de l'extraction de ces essences.

Seuls 11 % des plantes de tout le règne végétal sont aromatiques, et seul 1 % des ces plantes donnent une huile essentielle par distillation !

La distillation peut se faire de différentes façons, la plus courante restant celle-ci : une cuve produit de la vapeur d'eau qui arrive à une faible pression sur les plantes, dans un panier grillagé. Un tuyau qui passe dans l'eau froide récupère cette vapeur chargée des molécules aromatiques. Dans la cuve de récupération se trouvent alors deux substances : les huiles essentielles et ce que l'on nomme « hydrosol » ou « hydrolat aromatique », qui contient à la fois de l'eau et des propriétés propres à chaque plante distillée.

Un autre moyen d'extraction courant concerne les agrumes : c'est l'expression à froid. C'est une méthode mécanique où l'on presse le fruit ou sa peau.

Les autres méthodes d'extraction, avec des solvants chimiques ou un ajout d'alcool, présentent l'avantage pour les commerçants « d'allonger » la quantité de produits, mais ceux-ci deviennent alors d'une qualité médiocre, voire néfaste. Il est donc primordial de veiller à la qualité de l'huile, certifiée par le label biologique et le terme HECT, soit : huile essentielle chémotypée.

Le chémotype certifie que la plante est bien celle que l'on achète et non un panaché hasardeux, que les molécules actives que l'on recherche sont bien présentes !

Par exemple, il existe 6 familles pour le thym, aux actions très différentes, aux précautions d'emploi variées : *un thymus à linalol*, très doux, sera parfaitement adapté aux enfants, au traitement des mycoses, alors que le *thymus à thymol*, de la famille des phénols sera extrêmement dermocaustique !

On divise les huiles essentielles en 10 familles biochimiques : cétones, acides, éthers, esthers, sesquiterpènes, monoterpènes, alcools, aldéhydes, oxydes, hydrocarbures et phénols.

Parmi ceux-là, deux sont à retenir pour les précaution d'emploi : les **cétones** et les **phénols**.

Les phénols sont toxiques pour le foie à haute dose, brûlent la peau et sont hypertenseurs (ils augmentent la tension, par exemple : l'origan, la cannelle, la sarriette et le clou de girofle).

Les cétones peuvent provoquer des crises d'épilepsie, donner des convulsions et sont donc formellement déconseillés aux femmes enceintes (menthe poivrée, eucalyptus globulus, cèdre, thuya).

Quelques précautions s'imposent avant d'essayer toutes les huiles comme on essaye des gloss

N'utilisez les huiles essentielles que sur prescription d'un thérapeute compétent. Ne tentez pas l'automédication sauvage : certains ouvrages sont très complets, mais s'ils sont précis sur l'utilisation des huiles, ils ne dispensent pas d'un diagnostic par le médecin.

Enfin, comptez sur l'effet émotionnel des molécules aromatiques des huiles : il est possible de modifier un état de tension ou de fatigue simplement en respirant les odeurs fabuleuses des huiles, de soulager votre stress avec une simple trace au creux du poignet. Il est important de respecter ces précieuses substances, quintessence des plantes, raffinées, à leur juste valeur en les utilisant avec parcimonie. Comme on le voyait plus haut, il faut 1 tonne de pétales de roses pour obtenir 90 grammes d'huile essentielle, ce qui explique le coût élevé de cette huile et son raffinement extrême.

Il est recommandé de ne jamais prendre d'huiles essentielles par voie orale sans prescription expresse, car certaines huiles et certains dosages peuvent se révéler extrêmement toxiques, ce n'est pas parce que les huiles essentielles sont naturelles qu'elles sont inoffensives !

De même, évitez l'usage sur les bébés et les jeunes enfants, ainsi que sur les femmes enceintes, et faites toujours un essai au creux du bras pour vérifier que vous n'êtes pas allergique !

En cas de projection dans les yeux, il faut impérativement rincer à l'huile et non à l'eau, car les huiles essentielles ne se mélangent pas dans l'eau. Faites couler de l'huile végétale (l'huile d'olive de la cuisine fera l'affaire) pour rincer abondamment votre œil si jamais il y a eu éclaboussure.

La trousse S.O.S de la paresseuse

Le **tea-tree**, ou *Melaleuca alternifolia* : excellent antibactérien, il est utile contre toutes les infections, qu'elles soient buccales, ORL ou gynécologiques. Il prévient aussi les brûlures cutanées occasionnées par la radiothérapie. À avoir sous la main pour nettoyer une coupure, pour faire disparaître un vilain bouton blanc qui nous ruine le moral et donc le tonus ! Il ne faut pas abuser de cette huile qui assèche la peau si elle est utilisée pure (c'est tout son intérêt dans le cas d'un sale bouton, d'ailleurs !) et la poser très localement avec un Coton-Tige.

Le **basilic**, ou *Ocimum basilicum* : antispasmodique, il est efficace sur les douleurs de ventre, notamment en période d'invasion communiste (menstruelle). Il est très utile en cas de stress qui noue le plexus solaire, il calme les angoisses. On peut se mettre 4 gouttes diluées dans 2 cuillères à soupe d'huile d'amande douce sur le ventre, ou une goutte sur une boulette de mie de pain pour calmer les spasmes. C'est un peu la sérénité et la force tranquille, ce basilic.
Il n'est pas interdit d'en mettre une goutte dans son huile de pesto, c'est délicieux sur des pâtes avec ou sans gluten !

La **lavande** officinale, ou *Lavandula augustifolia* : calme tous les bobos de type piqûres d'insectes, brûlures, coups de soleil, peau sèche, et bien entendu très utile quand on stresse à fond ! Assez douce, on peut la mettre pure sur la peau (les peaux à coups de soleil préféreront un mélange avec de l'huile végétale et du gel d'aloe vera pour mieux se réhydrater), en diffusion dans une chambre et pourquoi pas en brume d'oreiller (vous trouverez la recette dans le chapitre sur le sommeil).

Le **citron**, ou *Citrus limonum* : c'est le copain de notre foie.
En prendre une trace sur la langue (retourner le flacon sur le doigt pour ne laisser qu'une fine pellicule de produit que l'on viendra déposer sur la langue) après un repas trop copieux, ou dans le cadre d'une détox de nettoyage saisonnier. À diffuser dans l'air en cas de coup de pompe ou de fatigue intellectuelle, il renforce aussi les défenses immunitaires. En mélange avec une huile végétale sur la peau, il aide à réduire la cellulite, attention toutefois à ne pas s'exposer au soleil juste après, il rend la peau sensible à ses rayons !

Le **géranium rosat** ou *Pelargonium graveolens* : cette huile sent bon la féminité !
Très fleurie, elle est efficace sur les eczémas, urticaires et autres psoriasis, elle nous réconcilie avec les lendemains de fête qui déchantent, quand vraiment on dirait qu'on a trop de peau qui tombe de partout sur notre joli minois !
Elle est aussi antifongique (elle tue les champignons de Paris qui s'installent entre les orteils par exemple !), antibactérienne, hémostatique et cicatrisante, elle est aussi anti-inflammatoire ! C'est également un excellent tonique pour la peau. Outre ses vertus médicinales, elle réconcilie avec son essence féminine, apaise en cas de choc émotionnel et… sent très bon ! Vous pouvez en faire un baume très chouette : sur une base de beurre de karité doucement fondu (50 ml), versez 30 gouttes de géranium rosat, mélangez et répartissez dans des jolis petits pots avant que le karité ne se solidifie. Vous avez créé votre premier « parfum concret » à trimballer partout et à appliquer illico sur nos bobos, peau sèche ou envie de nature !

Le **ravintsare**, ou *Cinnamomum camphora* : l'huile par définition des rhumes et autres coups de froid, elle stimule l'immunité et dégage puissamment les voies respiratoires.

Elle donne la pêche quand on manque de ressort, et calme lorsque l'on est en état de surtension nerveuse ou de déprime. En fonction des besoins, 5 à 6 gouttes pures sur chaque plante de pied devrait vous faire repartir du bon pied, justement.

L'**Épinette noire**, ou *Picea mariana* : en cas de gros coup de pompe, fatigue physique et intellectuelle, l'épinette noire, c'est l'équivalent d'un café serré les matins de réveil difficile, les inconvénients en moins ! Quelques gouttes (3-4) le matin, dans le bas du dos (là où se situent nos glandes surrénales) et on est prête pour un marathon. La respirer, à n'importe quel moment de la journée quand on a besoin d'un coup de fouet, son odeur de forêt de sapins transporte instantanément dans une stratosphère où la pêche n'est plus une lointaine chimère, mais une composante bien réelle de notre petit corps !

Le **petitgrain bigarade**, ou *Citrus aurantium ssp aurantium* : c'est un concentré de bonne humeur ! Il sent les agrumes pétillants par un beau jour d'été, il remet le moral au beau fixe même sur les humeurs les plus sombres !
Quelques gouttes à respirer suffisent pour se sentir pêchue et heureuse de vivre. Si vraiment vous avez le moralomètre dans les chaussettes, trois gouttes dans un peu d'huile d'amande douce pour se masser le plexus solaire, la plante des pieds tous les soirs !

Les coups de pouce des compléments alimentaires surdoués

Quand vraiment, même avec un contenu d'assiette hyper sain et méga riche en vitamines, notre vie continue d'être une course contre la montre, il y a parfois besoin de coups de pouce pour rester au top. Passage en revue de nos alliés les compléments alimentaires dans cette bataille quotidienne pour la tonic attitude.

La spiruline

La spiruline, c'est une algue bleue d'eau douce. Qui a vraiment le goût d'algue.

Donc, soit on adore et on l'achète en poudre, pour en mettre trois cuillères à soupe tous les jours dans ses salades, yaourts de soja et légumes cuits, soit on fait comme celles que le goût des algues n'enchante pas : on les prend en comprimés.

Pourquoi faudrait-il en manger ? Paske y'a tout plein de bonnes choses dedans : trois cuillères à soupe et hop, vous avez mangé autant de protéines qu'avec un steak de 500 grammes, autant de fer que trois bols d'épinards et autant de calcium que trois verres de lait… Pas mal !

Comme elle contient pas mal de chlorophylle, elle nettoie les intestins encrassés, régénère et purifie le sang.

Elle renferme également du bêtacarotène et de la phycocyanine, qui sont deux éléments protecteurs des cellules.

Elle nettoie les intestins en leur apportant de la chlorophylle, elle régénère le sang et apporte du fer, ce qui est utile, avouons-le, avec nos hémorragies mensuelles !

Tout ces bienfaits fonctionnent à condition de choisir scrupuleusement une spiruline de qualité, car elle se nourrit de l'eau dans laquelle elle grandit, donc une eau avec plein de métaux lourds = une spiruline qui fait l'inverse de ce qu'on lui demande et nous pollue le corps au lieu de le nettoyer ! Renseignez-vous auprès des petits producteurs français, il n'est pas toujours nécessaire de faire venir sa spiruline par avion des Andes pour qu'elle soit de qualité ! N'exigez pas obligatoirement le label agriculture biologique, même s'il peut représenter une garantie dans pas mal de cas. L'algue est plus riche en nutriments si on lui ajoute en petite quantité de l'azote, qui ne se retrouve pas dans le produit fini, mais interdit le label bio.

Comment j'en prends ? Il faut commencer doucement, avec deux comprimés par jour avant le repas, puis augmenter la dose progressivement pour atteindre une vitesse de croisière avoisinant les six comprimés par jour, soit deux avant chaque repas. La cure peut durer trois semaines, et peut se répéter sans problèmes plusieurs fois dans l'année, lorsque l'on sent que l'on manque de dynamisme.

Le pollen

Le pollen, ce sont nos amies les abeilles qui le produisent. Le pollen a un goût très doux, parfois un peu acidulé, mais quand on l'aime, c'est à la folie !

On le mange tel quel, mélangé à une compote ou un yaourt.

Son goût et ses propriétés varient selon le lieu où il a été fait, des arbres et des fleurs que les abeilles ont butinés, mais tous les pollens aident au maintien d'une flore intestinale équilibrée, renforcent les défenses immunitaires, redonnent du tonus et le moral. Il fait reculer les signes extérieurs et intérieurs du vieillissement, aide les personnes allergiques à diminuer les crises, (c'est amusant de constater le paradoxe !) dues aux allergies printanières au pollen !

Véritable touche-à-tout, il aide les mamans qui allaitent à garder la forme et à fournir tous les nutriments nécessaires au petit bout'chou !

La meilleure qualité de pollen, celle qui est garantie pleine à craquer de nutriments, c'est le pollen frais congelé. Pour l'utiliser, il suffit de prendre la dose pour quelques jours (4 cuillères à soupe, à raison d'une par jour) et de le garder dans un bol au frigo.

Le reste de la barquette attendra son tour au congélateur.

Il existe aussi du pollen sec en bocal, mais ce conditionnement nuit à la conservation optimale de ses propriétés.

Ce qui est fabuleux avec le pollen, c'est qu'il n'y a pas de réelle contre-indications. À moins d'avoir le goût en horreur, si vous en avez envie, vous pouvez en prendre.

C'est aussi simple que ça !

En attendant un heureux-choupinet, la barquette de pollen frais congelé vous crie : « Mange-moi ! » Et elle ne passe pas la semaine ? Qu'à cela ne tienne, c'est que vous en aviez besoin ! Commencez quand même doucement, avec une cuillère à soupe dans une compote au petit dej' durant deux semaines et observez les effets : joli teint, dynamisme, moral en hausse… Et si vos choupinets (ceux qui sont déjà nés, hein !) sont curieux de goûter à ces petites boules aux jolis reflets jaunes, ne les en privez pas !

La vitamine C

Celle là, on la connaît. On sait qu'on la trouve dans les fruits comme les agrumes, le kiwi… Dans les légumes aussi, comme le brocolis cuit vapeur encore légèrement croquant, les pommes de terre… On sait aussi qu'elle nous aide à avoir un joli teint, une belle peau en luttant contre les vilains radicaux libres.

Mais parfois, quand c'est l'hiver depuis à peu près 22 ans (estimation toute personnelle basée sur du feeling pur), qu'on galope partout, qu'on fume (un peu) qu'on boit (avec modération), qu'on ne fixe pas très bien le fer (parce qu'on mange moins de viande ou juste qu'on l'assimile mal), on a besoin du coup de pouce vitamine C.

Pour la choisir, pas évident. On en trouve partout, sous toutes les formes. La moins chère reste la vitamine C effervescente en cachet, mais c'est aussi la forme la plus chimique.

Adeptes du naturel que nous sommes, faisons fi des molécules de synthèse, que le corps reconnaît (et donc assimile) moins bien que les molécules naturelles.

Tournons-nous vers les vitamines C dites naturelles : méfiez-vous des emballages qui affirment une haute concentration en vitamine C, parfois, il faudrait prendre l'équivalent de toute la boîte pour un petit gramme ! Il faut donc regarder la quantité de vitamine par cachet : 200 mg par gélule ou cachet étant l'idéal.

Ensuite, sachez que l'on assimile pas plus de 200 milligrammes en deux heures, inutile donc de vous gaver d'un gramme de vitamine d'un coup, elle serait éliminée dans les urines peu de temps après ! Il existe des vitamines C à effet retard, qui ont une diffusion lente ou en deux étapes dans l'organisme, ce qui permet de bénéficier, en une seule prise, des bienfaits de la vitamine toute la journée. Vous pouvez donc prendre des comprimés dosés à 500 milligrammes sans souci puisque leur « action prolongée » garantit une bonne assimilation de la vitamine.

L'apport nutritionnel recommandé en France (75 mg par jour) semble faible au regard de nos rythmes de vie actuels. Le fait de prendre la pilule, d'attendre un bibou, d'allaiter, d'être surmenée ou de fumer augmente sérieusement nos besoins (110 mg par jour d'apport nutritionnel recommandé, et c'est un

minimum). Un gramme par jour, s'il est consommé sous forme de cure et en prises réparties sur la journée, fait ressentir ses effets positifs très rapidement.
La vitamine C vendue dans le commerce se compose principalement de deux substances : l'ascorbate de calcium et l'acide ascorbique. Préférez le premier si vous avez des soucis d'acidité, que vous êtes frileuse et longiligne, car l'ascorbate de calcium est la substance la moins acide des deux.
Enfin, évitez l'autodosage si vous avez des problèmes de reins, un avis médical est dans ce cas indispensable.

Le sérum de Quinton

Comme son nom ne le laisse pas deviner, le sérum de Quinton a pour principale composante… l'eau de mer ! C'est René Quinton, biologiste intuitif, qui découvrit ses propriétés en se basant sur un constat *a priori* très simple : nous sommes de véritables petits aquariums ambulants ! Pour grandir et préparer notre venue au monde, ben on a rien trouvé de mieux qu'une poche remplie de liquide, à la fois protectrice et nourricière.
Bref, on contient de l'eau, on se construit dans de l'eau, l'eau, c'est la vie !
Évidemment, vous pouvez toujours tenter de boire la tasse en vacances, mais le résultat n'est pas garanti, car le sérum de Quinton est puisé à des profondeurs extrêmes puis filtré pour garantir sa pureté. Il ne subit en revanche aucun traitement qui pourrait dénaturer sa teneur en oligoéléments essentiels.
Le sérum a prouvé son efficacité sur les sportifs, en terme d'amélioration de leurs performances (étude du Dr Paya de l'université de Montpellier en 1998). Alors, quand notre vie est un marathon perpétuel, inutile de s'en priver !

On le trouve sous forme d'ampoules, en deux versions : hypertonique et isotonique.
Pour un soutien régulier, en cure de deux-trois mois, l'isotonique est recommandé. *Idem* si vous avez un régime hyposodé à suivre, des problèmes d'hypertension ou rénaux.
Lorsque vous êtes carrément clouée au lit, convalescente comme aurait dit grand-mère, prenez plutôt du Quinton hypertonique et, si vous planifiez réellement de courir le prochain triathlon de Lamotte-Beuvron, dopez-vous au naturel avec le sérum hypertonique !
Cassez l'ampoule et mélangez à un demi-verre d'eau avant les repas, ou même directement sous la langue, sans avaler immédiatement, pour que le produit « infuse ».
Il semblerait que le Quinton soit également l'ami des géraniums et autres planplantes du jardin/balcon, essayez donc pour voir (une ampoule dans un arrosoir d'eau !) !

Le jus d'herbe d'orge

Les partisans du *new age* auraient dit : ne fumez pas l'herbe, buvez-la ! Soyons sérieux, niveau planant' attitude, rien ne vaut le jus d'herbe d'orge : vitamines, minéraux, oligoéléments, le tout de façon équilibrée, protéines, il ne manque rien ! Ça reste une forme d'herbe, donc assez inoffensive sur le plan des contre-indications, pas d'overdose connue au bataillon, même si envisager un remake de *Pulp Fiction* version bio serait assez fun : Uma ne se shooterait qu'à l'orge et ferait une overdose de jus de légumes. Mouais, assez peu crédible, enfin, vous voyez, quoi.
Bref, votre dopage légal va prendre deux formes : comprimés ou poudre.

Si vous optez pour la poudre, ne la faites pas chauffer, mélangez-la plutôt à un jus (vous serez prévenue : ça a un peu le goût des épinards !) ou à de l'eau, et profitez-en pour laisser agir la boisson au niveau de la bouche (il y a bien plus de chlorophylle active que dans le dentifrice !). Essayez d'y penser un quart d'heure avant de manger : votre estomac est vide, le liquide passera bien plus vite dans votre corps, passera dans le système digestif et le sang pour y faire un peu le ménage.

Pour se maintenir en bonne forme, une dose de trois grammes par jour est conseillée, soit une cuillère à café bombée de poudre.

Les comprimés sont utiles dans deux cas : si le goût vous rebute et si vous ne pouvez pas jouer à Mimi-Cracra au bureau en faisant des patouilles à la cantoche.

Vous apporterez donc vos huit comprimés (équivalent aux trois grammes d'entretien) pour les prendre avant le repas.

Le chlorure de magnésium

On a besoin de 360 milligrammes de magnésium par jour? pour ne pas craquer totalement, physiquement et nerveusement : le magnésium sert à tout : structure des os, réactions enzymatiques, transmission de l'influx nerveux, décontraction musculaire…

Les premiers signes d'une carence en magnésium sont souvent la fatigue, l'irritabilité, une sensation de tension interne qui perdure.

Parfois des crampes, insomnies ou palpitations de notre petit cœur nous informent qu'il est temps de se faire une petite cure !

Le stress, la consommation d'alcool, la pilule contraceptive augmentent nos besoins en magnésium.

Le meilleur moyen de faire le plein ? Vous trouverez en pharmacie ou en boutique bio (sous le nom de sels de Nigari) des sachets de chlorure de magnésium, à mélanger dans une

bouteille d'un litre et demi d'eau. Très peu onéreux, c'est une cure dynamisante démocratique !
Commencez votre cure avec parcimonie : un tiers de verre à moutarde le matin avant le petit dej'. Vous pourrez noter que cette substance a la particularité d'accélérer le transit, fort utile si on est bloquée des tuyaux, mais à manier à petites doses si c'est plutôt l'inverse.

Occupez-vous de votre ventre, votre tête vous le rendra

Influence de la digestion et du transit sur la forme : les secrets d'un ventre plat et détendu

Véritable « temple » au centre de notre être, pas de tonic attitude sans ventre détendu. Traditions médicales chinoises, indiennes… nous enseignent comment prendre soin de cet endroit trop souvent négligé et pourtant si incroyablement en lien avec notre mental.
Prenez pour exemple les études sur le terrain de médecins et de professeurs dont on parle peu, car leurs conclusions font frémir les laboratoires pharmaceutiques (le marché des laxatifs reste extrêmement juteux !), qui démontrent avec brio comment on s'auto-intoxique avec un intestin paresseux (le chirurgien américain Kellogg, le Pr Baruk en 1933 déjà, le docteur suisse Dominique Senn et tant d'autres…).
L'explication est la suivante : la paroi de nos intestins est fine, toute en dentelle et replis, reliée par un immense système veineux et lymphatique à nos autres organes, dont le foie, qui aide à gérer les toxines. Notre intestin possède son propre mouvement

involontaire, comme le cœur : le péristaltisme. Si on encrasse les parois, elles se bouchent petit à petit, les recoins se chargent de déchets mal éliminés. Ces déchets bouchent les échanges de l'intestin avec le reste du corps et entravent le bon fonctionnement du péristaltisme, censé apporter les déchets vers l'extérieur.

Le résultat ? Une peau brouillée, des petits boutons, le teint terne et surtout : une fatigue chronique qui ne cède pas aux traitements habituels, des troubles du sommeil, de la déprime chronique… Pas très très glamour comme tableau ! Voyons plutôt comment, en plus de l'apport en fibres indispensable (voir chapitre 2), nous pouvons chouchouter notre bidou et tout le reste du même coup.

Les probiotiques

Les probiotiques sont aux intestins ce que l'eye-liner est à Dita von Teese : INDISPENSABLES !

Des milliards de bactéries vivantes, qui contribuent à la dégradation des aliments, à leur traitement et à leur assimilation. Un vrai zoo dans les canalisations !

Ces bactéries se retrouvent aussi dans la flore vaginale, elle permettent de conserver l'équilibre acide de notre précieuse zone intime et éviter ainsi les infections.

Une mauvaise alimentation, du stress peuvent provoquer la prolifération de certaines de ces bactéries, rompant alors le fragile équilibre qui existe entre elles : de bénéfiques, elles deviennent nocives et favorisent un terrain infectieux, des problèmes de peau, de gaz, ballonnements, diarrhées ou constipations.

Les probiotiques sont composés de « bonnes » bactéries, en proportions équilibrées. Il suffit de les réhydrater pour qu'elles se réveillent et fassent alors leur travail d'assainissement des intestins.

On les utilise en cure à diverses occasions : les voyages sont souvent sources de troubles digestifs, avoir quelques sachets sur soi est une précaution utile pour tous les troubles du voyageur ! De même, la prise d'antibiotiques, qui comme son nom l'indique tue les bactéries, assassinera du même coup agents infectieux et flore intestinale. C'est plus efficace de prendre des probiotiques que de manger des yaourts, à bon entendeur !

Lorsque l'on se sent flagada, que l'infection hivernale pointe le bout de son nez, il y a fort à parier que la flore intestinale n'a pas pu faire son travail de barrière immunitaire, hop ! Probiotiques !

Vous en trouverez sous forme de gélules ou de poudre à mélanger avec de l'eau ou du jus de fruits, pour environ 18 euros, en pharmacie et boutique d'alimentation biologique.

D'expérience, la poudre est efficace plus rapidement, car il arrive que les gélules se dissolvent mal, réduisant l'efficacité du produit, alors que la poudre mélangée à de l'eau se répartit plus harmonieusement sur les parois intestinales en souffrance.

Il existe des formes plus ou moins concentrées en fibres selon le problème que vous souhaitez régler, privilégiez les produits fibreux si vous avez tendance à la constipation, l'inverse si vous êtes sujette aux diarrhées.

Quand à la quantité, commencez par une cure intensive de trois semaines avec trois sachets par jour avant les repas pour bien « ré-ensemencer » la flore, puis une cure qui va stabiliser les effets, avec un sachet le soir avant de dormir ou le matin au réveil.

Les enzymes

Nos copines les enzymes se baladent un peu partout dans le corps.

Elles servent à beaucoup de choses très utiles : celles que l'on trouve dans nos cellules s'appellent les enzymes « métaboliques », elles construisent, réparent et font fonctionner toutes les cellules sans exception. Utiles donc.

Les secondes sont les enzymes digestives, qui, comme leur nom l'indique (la biologie est décidément très bien faite), décomposent les protéines, les sucres, les graisses que nous mangeons. Utiles aussi. On en a dans la salive et l'estomac, logique puisque c'est par là que passent, dans l'ordre, nos aliments ! Notre corps est donc le premier lieu de fabrication des enzymes.

Il arrive que notre niveau enzymatique soit insuffisant, ce pour diverses raisons.

La première : le vieillissement. On soupçonne que le stock de production enzymatique soit limité dans le temps, et diminue avec l'âge. Surtout s'il a été surmené par les grosses bouffes et une hygiène de vie déplorable.

Ensuite, on naît avec des cheveux blonds ou bruns : avec peu ou beaucoup d'enzymes, c'est injuste, c'est comme ça. Les gens qui manquent d'enzymes sont souvent ceux qui cumulent diverses maladies chroniques, allergies alimentaires, maladies inflammatoires…

Avec trop peu d'enzymes, on assimile mal ce qu'est censé nous apporter une alimentation équilibrée. Du coup, on fatigue.

Pour s'assurer une bonne dose de ces précieuses chéries, quelques règles de base s'imposent :

- On ne cuit pas ses aliments longtemps.
- On tente la cuisson douce, qui n'excède pas 45°, température à laquelle les enzymes meurent.
- On tente une semaine de « Crusine » avec des aliments frais et crus : graines germées, salades, légumes croquants et fruits.

– On se fait des cures d'enzymes en boîte, soit on en prend avant les repas pour bien digérer (utile à Noël pour faire face dignement à la dinde et sa maléfique copine la bûche), soit entre les repas pour se régénérer de l'intérieur.

La bonne dose ? Une à deux capsules avant chaque repas, deux capsules entre les repas pendant un mois minimum. Ne les prenez pas en continu pour ne pas rendre votre corps paresseux ! C'est un coup de pouce ponctuel qui doit s'accompagner de pauses, juste pour relancer ou aider notre belle machine à garder le rythme. La plupart des pharmacies et des boutiques bio en ont dans leurs stocks, et l'ananas en contient naturellement. Choisissez ce qui vous va !

Le charbon végétal activé en poudre

C'est un remède bien connu de nos grands-mères et il mérite amplement sa place dans notre pharmacie de tonic girl !

Si ce truc s'appelle « charbon », c'est parce que c'est bel et bien du charbon. Calciné à haute température, il crée de micropores semblables à celles des éponges qui lui permettent, une fois avalé avec un grand verre d'eau, de faire le grand nettoyage intestinal de toutes les cochonneries qui traînent !

Pour preuve, ce pharmacien, M. Touéry, qui en 1831 a pensé que c'était malin de prouver l'action absorbante du charbon en avalant… un gramme de strychnine, poison au demeurant mortel à bien plus faible dose ! Bien entendu, l'histoire a retenu que notre bon pharmacien a survécu grâce à la prise de charbon.

L'expérience ne manque certes pas de piquant, mais on va essayer de ne pas jouer au p'tit pharmacien à la maison… C'est bien d'avoir la foi en ses convictions, mais ça va un peu loin, là… Ne nous écartons pas du sujet…

Si, donc, vous ne croquez pas de la strychnine tous les matins au petit dej', la pollution peut quand même se dégotter ailleurs et venir encrasser nos jolis boyaux : pesticides dans nos gentils fruits, légumes et céréales, résidus de médicaments, alcool, eau pas assez pure… Le charbon, c'est notre service nettoyage interne à domicile.

On peut en prendre avant et après les grosses fêtes, gros repas, une bonne cuillère à soupe dans un verre d'eau, ça limite la casse niveau absorption des graisses et de l'alcool dans le sang. Mais comme vous avez déjà une hygiène de vie où ces deux choses n'ont pas leur place, le charbon vous servira à nettoyer les vieilles crasses de votre vie d'avant. Une cure de trois semaines, avec un verre de ce (délicieux ?) breuvage eau + une cuillère à soupe de charbon = peau rayonnante car intestins propres !

Pas question en revanche de coupler ça avec la prise de la pilule, ça absorbe tellement tout ce qui traîne, ce *ghost-buster* des intestins, que ça annule l'effet anti-bébé-non-voulu. Pas de blagues donc : on prend son charbon bien à distance de la prise de pilule et de tout traitement médicamenteux.

La tonic girl fait des cures pour avoir une pêche d'enfer

Tellement dans l'air du temps qu'on ne sait plus si c'est fashion, trendy ou le it-régime de l'année, la cure détox, on en parle, partisans, détracteurs, stars, tout le monde a son avis. Comme toujours, point trop n'en faut, c'est avec en tête un esprit d'équilibre et d'harmonie qu'il faut aborder l'idée d'une cure.

Le must du must étant de s'offrir une semaine de cure en thalasso, de détox à la campagne pour déconnecter totalement. Nous, on va se la jouer simple mais tellement efficace : la cure concoctée maison.

Quatre propositions de cures toutes douces pour varier les plaisirs au cours de l'année.

Monodiète de saison

Le principe de la monodiète est simple : manger un seul aliment, bien entendu le plus naturel possible, fruit, légume ou céréale. On aime la monodiète car elle nettoie le corps en douceur, sans le côté gros lessivage à la javel du jeûne. Avec une petite monodiète bien placée, on peux continuer à aller bosser, puisqu'on mange, mais on laisse à son estomac, ses intestins et son foie le temps de respirer. Comme on ne leur apporte pas quinze mille produits différents tous les jours à gérer, digérer, trier, évacuer, ils peuvent s'occuper de faire le tri des anciennes cochonneries accumulées dans les coins (genre pile entre les fesses et les cuisses, mais aussi le foie, car les graisses stockent les toxines dont le corps ne sait pas quoi faire !).

Pour commencer sans se faire violence, on se fait, un soir par semaine à partir de 14 h, une monodiète.

On ne va consommer qu'un aliment au goûter (si on en a besoin !) et le soir au dîner.

Pendant la nuit, qui agit comme un jeûne puisqu'on ne mange ni ne boit, le corps va pouvoir vraiment se reposer.

On va choisir l'aliment le plus adapté à la saison (et à nos goûts), parce qu'un fruit ou un légume de saison apporte de nombreux minéraux et vitamines qui vont venir renforcer notre système immunitaire (et qu'il faut que ça nous plaise) !

En été, une monodiète de cerises est excellente pour recharger son corps en minéraux et on garde les queues des cerises pour faire des tisanes drainantes contre la rétention d'eau !

La pêche possède également des qualités diurétiques et c'est tellement bon !

En automne, on choisit du potiron, dont le goût légèrement sucré ne provoque aucune sensation de manque. Comme il est riche en fibres, il va nettoyer en douceur les intestins.

L'automne, c'est aussi la saison des pommes, du raisin… Pratiques quand on veut pouvoir se balader avec sa monodiète sur soi, les fruits, c'est bon aussi !

En hiver, les frileuses préféreront une diète à base de céréales, comme le riz complet ou le quinoa, qui remplissent bien l'estomac et fournissent de l'énergie longue durée. On oublie le pain, qui est déjà un aliment transformé !

Et, bien entendu, les légumes d'hiver comme la carotte, la pomme de terre…

La monodiète peut se faire avec des légumes crus ou cuits, en purée… Libre à vous de choisir la forme qui vous plaît le mieux. Il ne faut pas assaisonner les légumes de crème, beurre, huile, sel, poivre… mais plutôt avec des aromates.

Ensuite, si vous vous sentez à l'aise avec la formule, vous pouvez prolonger sur un jour, puis deux. Ne repoussez pas les limites de votre corps en passant plus de dix jours à ne manger que des carottes ! Les carences en protéines que produirait la poursuite de la diète à long terme sont plus néfastes que bénéfiques.

(À éviter également sans l'avis d'un professionnel de santé si vous attendez un petit bibou, ou si vous avez du diabète. De même, si par le passé vous avez souffert ou si actuellement vous souffrez d'anorexie ou de boulimie.)

On récapitule :

– À partir de 14 h, pas d'autre aliment que celui choisi pour la monodiète.

– Un fruit, un légume de saison cuit, cru, râpé… ou une céréale.

– On transforme le moins possible l'aliment : cuisson douce, pas de crème fraîche, de beurre… Mais quelques aromates comme le romarin, le thym, le basilic pour donner du goût.

– On boit beaucoup d'eau, de tisanes, pour aider notre corps à drainer les toxines.

– On se choisit un soir par semaine et on s'y tient au moins un mois.

– On ne « pousse » pas trop longtemps l'expérience pour ne pas avoir de carences.

Nettoyage des intestins

Eh oui, on peut aussi procéder à un nettoyage de cette partie-là ! Quand les excès alimentaires et la mauvaise hygiène de vie durent depuis plusieurs années, les intestins s'encrassent, ne laissant parfois qu'un tout petit passage pour les aliments à évacuer. Comme nous l'avons vu plus haut, la paroi intestinale est fine pour permettre les échanges avec le reste du corps. Si la crasse recouvre ces fameuses parois, les échanges sont poisseux ! Ça donne un foie qui n'en peut plus de gérer les cochonneries en provenance du côlon et qui s'encrasse à son tour. Il faut donc donner du calgon à la machine pour nettoyer tout ça !

Le calgon des intestins, c'est l'hydrothérapie du côlon. On « lave » à grande eau tiède et avec des massages abdominaux ce qui est resté collé à l'intérieur. C'est parfois impressionnant, les kilos de trucs restés coincés qui sortent ! Pas la peine de vous faire un dessin, c'est de loin la méthode la moins glamour, mais pas des moindres niveau efficacité !

On se sent plus légère et après trois séances, le ventre est plus plat, plus détendu, on assimile mieux les aliments. Le mieux étant de se rendre chez un praticien équipé et formé en hydrothérapie du côlon, pour être mise à l'aise avec la technique et le déroulement des séances.

Foie, mon ami !

Votre foie gère tout, fait tout, sait tout. On le maltraite tous les jours sans le savoir, il se fait parfois remarquer en piquant une crise après des repas trop riches en tout (du gras, du sucre, des protéines…).

Beaucoup de nos bobos lui sont liés, à ce que l'on lui fait subir et aux dysfonctionnements qui en résultent.

Pour l'aider à bien faire son travail et lui permettre de souffler, couplez la monodiète avec une cure de plantes qui aident le foie : chardon-marie, par exemple. En extrait liquide de plante fraîche, mettez cinquante gouttes dans une bouteille d'eau à boire dans la journée. Au bout de trois semaines de cure, votre peau sera fraîche, votre haleine aussi : le foie est soulagé et fonctionne mieux !

Pour un soutien encore plus doux de cet organe précieux, pensez à l'eau florale de carotte. Issue de la distillation de l'huile essentielle de carotte, cette eau délicieusement parfumée se boit à raison d'une cuillère à soupe dans un verre d'eau ou de jus de légumes, trois fois par jour avant les repas.

Quant à la bonne vieille ampoule de radis noir de nos grands-mères (qui évite les nausées de la femme enceinte)… c'est un puissant détoxiquant, évacuant et stimulant la production de bile. À réserver à celles qui se sentent costaudes, qui n'ont jamais eu « mal au cœur », car c'est un traitement de cheval, même si il est réputé naturel !

Se nettoyer en douceur : quelques jours végétariens

Que les carnivores se le disent : pour être en bonne santé, mieux vaut ne pas manger de la viande à tous les repas ! À l'époque de la poule au pot du dimanche, c'était bel et bien le seul jour de la semaine où la viande était au menu, et pourtant, on cultivait les champs sans tomber dans les pommes. Alors que dire, maintenant que nos métiers sont sédentaires, et que le bœuf est comme le pain : quotidien ?

On soupçonne fortement les excès de viande d'être une des causes de nos maladies de civilisation comme le cancer colorectal.

Faites-vous du bien avec une semaine par mois totalement sans viande, en remplaçant le vieux steak et sa copine la saucisse par des protéines végétales.

Cette semaine-là, on fait la part belle aux fruits et légumes sous toutes leurs formes : salade composée en entrée, soupes, légumes vapeur ou à l' étouffé, compotes de fruits, fruit au goûter, au petit dej' et on y ajoute une part de pois chiches, de lentilles ou de haricots secs avec trois parts de céréales. Le tour est joué, on a des protéines, vitamines et minéraux, et on fait le plein d'énergie tout en se nettoyant !

Les dix commandements de la fée tonic attitude

1. Tes huiles essentielles sur toi tu garderas.

L'avantage des nos chères petites huiles, c'est qu'elles se présentent dans de mignons flacons, faciles à garder dans son sac. Gardez sur vous celle dont l'odeur vous plaît, vous rappelle de bonnes choses ou vous détend dès que vous la respirez.

2. Aux premiers frimas, le pollen tu dégaineras.

Comme c'est un complément alimentaire multifonction aux qualités nutritionnelles assez riches, vous pouvez l'utiliser en prévention, pour renforcer votre système immunitaire.

3. En cas de coup de pompe, vers le magnésium et l'herbe d'orge tu te tourneras.

Ils remontent le moral et sont simples à utiliser, faites-vous plaisir !

4. La spiruline et le sérum de Quinton tu n'oublieras pas.

Variez les compléments alimentaires lorsque l'on fait des cures, c'est primordial. Ne dégainez pas le même complément à chaque fois que vous avez un coup de pompe, votre corps s'habituerait et à terme, les effets seraient moins spectaculaires.

5. Moins de viande tu mangeras.

C'est désormais presque un acquis : nous avons pris l'habitude de manger trop de viande, même si les protéines sont importantes, variez les sources et les plaisirs avec les protéines végétales, votre corps vous dit merci et les vaches aussi.

6. Grâce au charbon, ventre plat tu garderas.

Dégainez l'arme ultime si vous savez que vous êtes invitée au banquet de l'année et que vous allez manger plein de choses qui vous font gonfler le ventre. Prenez votre charbon avant et après le repas du délit !

7. La monodiète de saison, dans ton planning tu incluras.
C'est une bonne habitude à prendre, chaque saison, se réserver quelques jours détox pour bien aborder la saison suivante.

8. Ton foie consciencieusement tu briqueras.
En cumulant monodiètes et plantes hépatiques, vous vous assurez un avenir comme votre teint : rose et frais.

9. À ton ventre gonflé, des probiotiques tu donneras.
Si vous n'avez pas pu suivre le commandement six en prenant du charbon, ou que le stress et la mauvaise digestion vous font gonfler, n'hésitez plus, tournez-vous vers les probiotiques.

10. Les légumes dans ton assiette, toujours tu auras, et la tonic attitude toujours avec toi sera !
On se laisse charmer par le plus simple des conseils : n'oubliez jamais qu'avant d'acheter du bien-être en boîtes de comprimés, vos meilleurs amis sont d'abord chez le primeur !

4

Comment tonifier mon petit corps sans trop transpirer

Hé oui, pas de tonic style sans un peu de sport. Pas la peine d'essayer de se cacher derrière les rideaux, tout le monde en a besoin ! Sans transformer une accro au canapé en forcenée du VTT, il faut un minimum se bouger !

Le mieux, c'est encore sans en avoir l'air, de se faire vraiment plaisir, de rire et d'aimer sa séance quotidienne de mouvements. Faire du sport pour faire du sport, sans en avoir envie, sans joie, n'est pas l'objectif : faire du sport, comme dans le reste de notre vie, fait partie d'un tout. Cela doit vous relaxer, vous apporter une vraie satisfaction tout en faisant du bien à notre mécanique si précieuse. D'ailleurs, le sport à outrance n'est pas meilleur pour la santé que pas de sport du tout, car en sollicitant trop l'organisme, il crée des radicaux libres, des blessures… Pas la peine de se faire trop suer !

Quelle sportive êtes-vous ?

1. Le sport c'est

A. Un truc que les autres font.

B. Un moyen de décompresser.

C. Un élément essentiel de votre équilibre.

2. Si vous étiez une activité physique, vous seriez

A. Le lancer de cacahuètes.

B. Une randonnée à cheval au soleil couchant, sur une plage déserte avec un bel hidalgo.

C. Un stage de survie dans la jungle.

3. Les bons moments sportifs en famille, c'est

A. Soirée DVD-pizza-glace caramel et morceaux de noix de pécan.
B. Un match de ping-pong avant le barbecue.
C. La dernière compèt' de free-fight de papy, qu'il a gagnée haut la main !

Maximum de A : Tournez-vous vers une oxygénation progressive, le programme pour la citadine en manque d'oxygène est pour vous. Commencer doucement, c'est la garantie d'introduire à votre rythme, mais sûrement, un peu plus de mouvement dans votre vie.

Maximum de B : Paresseuse sportive si l'occasion se présente, pas réfractaire à l'idée, mais pas super sportive non plus, vous savez vous bouger. Vous pourriez tirer de grands bénéfices en passant la vitesse supérieure : prenez exemple sur le programme de la paresseuse débutante.

Maximum de C : Vous faites du sport, vous aimez ça et c'est une culture à part entière. Ne changez rien, chère paresseuse sportive, mais n'oubliez pas de vous bichonner pour ne pas vous faire plus de mal que de bien !!

La tonic attitude en pourcentages : quel est votre coefficient sportif ?

Dans une journée, je :
Prends le métro : 8 %
Prends le métro et pas les escalators : 30 %
Fais infuser du thé : 2 %
Fais infuser du thé pendant ma séance d'abdos : 72 %
Fais le ménage : 40 %
Fais le ménage en dansant sur la compil' méga disco : 60 %
Fais du shopping : 50 %
Fais du shopping et je bois du jus de fenouil : 65 %
Fais du shopping en rollers : 80 %
Me vernis les doigts de pieds : 3 %
Me vernis les doigts de pieds en révisant mes postures de yoga : 83 %
Réponds au téléphone : 1 %
Réponds au téléphone pendant ma séance de cardio-training : 91 %

Comme quoi, certaines activités méritent d'être couplées avec autre chose pour atteindre un niveau de tonic attitude démentiel !

La citadine s'oxygène

La citadine vit souvent en appartement. Mais la citadine sait qu'elle sera bien fraîche dans ses poumons comme un spray menthe fraîche-sapin des Vosges si elle suit ces cinq bonnes idées-oxygène !

– Ouvre ses fenêtres tous les matins un bon quart d'heure, pour renouveler l'air de son appart', et qu'elle en profite pour faire ses exercices d'éveil chinois (voir chapitre 5). Au passage, elle secoue les draps de son lit et tapote les oreillers, comme ça, en se couchant ce soir, tout sentira le frais !

– Se trouve un diffuseur électrique d'huiles essentielles, celui avec un petit flacon de verre qui propulse dans l'air plein de microgouttelettes d'huiles parfumées. Elle met dedans des huiles essentielles bio aux propriétés oxygénantes comme le pin sylvestre, l'eucalyptus radiata, le ravintsare… dix minutes par jour suffisent à donner l'impression de revenir d'une grande promenade en forêt. Mieux vaut éviter les diffuseurs qui chauffent les huiles, car ils dénaturent leurs propriétés et elles perdent tout leur intérêt.

– Chante à plein poumons. Oui, en chorale, sous la douche, en passant l'aspirateur, en voiture, partout, tout le temps, en massacrant du Dalida, plus c'est jouissif, mieux c'est ! Et peu importe le supposé bon goût musical, chanter un truc en étant à fond, ça oxygène le cerveau et ça calme le stress tout en faisant baisser la tension artérielle. Pas la peine de postuler à la Star Ac', contentez-vous de visualiser une scène, des lumières braquées sur vous, un habit de lumière et vous en pleine gloire, c'est tellement bon pour le moral (vérifiez quand même que vous êtes seule, le regard goguenard du chat ou de Jean-Jules peut gâcher totalement le délire) !

– Se fait des séances de bol d'air Jacquier. Inventé par René Jacquier, cette machine fabuleuse potentialise l'absorption de l'oxygène par nos cellules, rien que ça ! Des micropulvérisations d'un mélange contenant de l'oléorésine de pin, qui vont venir vous émoustiller les bronches. Le but ? Lutter contre la production cellulaire de radicaux libres, ces vilains responsables du vieillissement cellulaire et de leur détérioration, donc de la maladie mais aussi tout simplement du vieillissement ! Ces respirations ont aussi un effet évident sur les personnes souffrant de sinusites, rhumes, allergies…
On peut se faire des cures d'oxygénation en allant respirer chez un thérapeute (il y en vraiment partout, liste sur www.holiste.com rubrique : bol d'air jacquier, onglet « centres bols d'air ») deux à trois fois par semaine pendant un mois, mais comme il n'y a aucune contre-indication à respirer la résine de pin, on peut aussi s'en offrir un et en faire profiter toute la famille, tous les jours !

– Pense à respirer. À première lecture, ça semble totalement stupide, je vous l'accorde. On respire tout le temps, on n'a pas besoin d'y penser ou presque, ça se fait à moitié tout seul. Sauf que lorsque l'on pense à sa respiration, on ne le fait pas n'importe comment. On ferme ses yeux, on se concentre sur le trajet de l'air qui rentre lentement par les narines. On sent l'air passer, descendre, venir remplir notre ventre (en réalité, le bas des poumons, mais si on le fait bien, notre ventre se gonfle comme un petit ballon sous la pression du diaphragme) et, petit à petit, tous les poumons jusqu'aux clavicules (qui elles aussi se relèvent un peu, en dernier). Et en expirant, toujours lentement, le ventre se rentre, notre poitrine s'abaisse, les clavicules suivent. Cette respiration, très simple, est celle d'un bébé endormi. Celle que l'on devrait avoir sans y penser. Il en est souvent autrement. Observez les gens stressés : c'est comme s'ils respiraient avec les épaules, seul le haut des poumons est sollicité ! C'est une respiration courte, saccadée. Elle tend les épaules et les trapèzes (ces muscles qui lient le cou aux épaules et qui font souvent mal à force d'être tendus !) et oxygène mal notre pauvre cerveau qui a du coup plus de mal à faire son boulot correctement !

Avec la respiration par le ventre, on détend tout ça, on pense à garder les épaules basses, comme si un câble les tendait vers le sol. Le mouvement mécanique du diaphragme fait un automassage du ventre, zone elle aussi trop souvent tendue. Que du bénéfice, pour optimiser ses capacités mentales, s'éclaircir l'esprit, chasser le stress et se détendre, de l'intérieur.

Légère, gracieuse, paresseuse, je me bouge !

Voici comment, en quelques étapes, passer du statut d'huître léthargique à celui d'impala galopant.

Une paresseuse débutante…

– Ne commence pas par un marathon !

– S'étire le matin avec le réveil chinois (il faut aller voir au chapitre 5 !).

– Fait une salutation au soleil extraite d'exercices de yoga.

– Va à son rythme : mieux vaut se bouger en douceur, un peu chaque jour qu'une fois par mois comme une forcenée.

– Sait qu'un peu de sport n'est pas une perte de temps : elle y gagne en sérénité.

– Marche souvent, longtemps : balades en forêt d'une heure, trajet pour aller au boulot... avec un minimum de trente minutes par jour, on commence sur un bon rythme !

– Fait l'amour régulièrement, car c'est le meilleur moyen de brûler des calories (trois cents calories pour une demi-heure de remous sous la couette !) et de réduire le stress en faisant baisser sa tension. On sécrète de l'ocytocine (hormone de bien-être) et des endorphines, comme avec la pratique d'un sport !

– Trouve un sport facile à pratiquer : pas la peine de vous inscrire au cours de kung-fu qui est à trois quarts d'heure de la maison, vous êtes peut-être motivée en septembre, mais on en reparlera quand il fait nuit à quatre heures de l'après-midi et moins dix dehors ! Choisissez aussi en fonction de l'accessibilité de votre activité et de l'effort qu'il vous faut fournir simplement pour y aller et en revenir. À la longue, ça fera aussi la différence sur votre coefficient assiduité !

– Va à la piscine deux fois par semaine, histoire de barbotter activement une vingtaine de minutes. L'eau affine la silhouette, mais elle agit aussi comme un massage, dynamisant la circulation de notre système lymphatique. Comme chaque mouvement fait dans l'eau demande un effort musculaire plus grand que sur terre, on brûle et on s'affine, mais tout en douceur, sans brusquer notre petit corps puisqu'il est porté par la densité de l'eau !

– Se fait masser. Le contact favorise un bien-être psychologique et physiologique, procure détente et relâchement, mais, pratiqué avec un peu de poigne, le massage relance aussi la circulation lymphatique, sanguine, favorise une respiration lente et profonde…

Une paresseuse de plus en plus dynamique…

– S'inscrit avec des copines à un cours de danse, d'aqua-biking (on fait du vélo, mais dans l'eau !), de yoga, bref, se motive avec un rendez-vous régulier de bonne humeur !

– Mesure sa chance d'habiter un immeuble sans ascenseur, une maison avec des escaliers : c'est autant de possibilités d'avoir les fesses fermes ! Il suffit de les grimper plusieurs fois par jour sur la pointe des pieds, tranquillement, pour voir son rythme cardiaque augmenter et son popotin se raffermir à vue d'œil !

– S'achète un petit steppeur chez « à fond la forme », pour pouvoir se muscler 20 minutes tous les jours. Trois semaines d'assiduité donnent des résultats tellement fous que ça serait bête de s'en priver : fesses fermes, ventre plat… Et surtout, c'est moins cher que la salle de gym, moins encombrant qu'un vélo d'appart, bref idéalement simple !

– Tente la gym suédoise, tellement fun et en musique, mais très douce et respectueuse de son petit corps, elle harmonise la silhouette.

– Retourne en enfance avec une corde à sauter, le temps d'une bonne vieille chanson de *Flash Dance* : soyez une « maniac », un pied après l'autre, les deux en même temps. On transpire, on fait bouger son corps, le cœur pompe plus vite, on se sent vivre ! On perd en moyenne 100 calories, on active le retour veineux, ce qui fait fondre la cellulite !

– Retourne en enfance (bis) avec un hula-hop, bon vieux cerceau, le temps d'une autre chanson (allez, un bon vieux Cloclo par exemple !) : le mouvement des hanches, la coordination, rééquilibrent la perception de l'espace et tonifient mine de rien !

Truc de paresseuse : les différents types de yoga, je choisis quoi ????

Quand on vous dit « yoga », vous pensez directement : tête en bas, tricotage bras-jambes et noms d'animaux improbables. Les principes des yoga tels que l'on les connaît : libérer le corps et l'esprit de nos tensions, favoriser la concentration et l'ouverture de conscience. Tous dérivés du Hatha yoga, les Ashtanga, Iyengar et autre Bikram passent par des postures combinées à des respirations. Ils ont été développés par divers maîtres et sont à choisir en fonction de ses goûts.

On connaît moins les autres yogas, plus spirituels : le Raja yoga qui mêle postures, méditations et principes de vie ; le Bhakti yoga, où on zappe les postures au profit de prières, chants sacrés, mantras… ; le Karma yoga, qui est centré sur la pratique d'une dévotion quotidienne désintéressée ; et enfin le Jnana yoga, voie de libération spirituelle, de réalisation ultime.

La paresseuse sportive

Une fois que vous avez tenté tout ça, pourquoi ne pas essayer des sports puissants, comme le yoga Bikram, qui devrait s'appeler le « yoga qui crame » : c'est une séance de yoga dynamique, dans une salle chauffée à… 40° ! Idéal pour celles qui font de la rétention d'eau et qui sont déjà assez en forme pour survivre, c'est un puissant nettoyant intérieur. La forte température fait transpirer énormément, emportant toutes les toxines au passage.

À éviter si on programme un bébé, si on fait des chutes de tension et… si on aime pas avoir trop chaud !

Rentrent aussi dans la catégorie sportive tous les sports comme le tennis, idéal pour se muscler un seul biceps, mais avec classe ; le cardio-training, en faisant de longs joggings ou de longues minutes de vélo d'appartement ; les sports de combat qui ont l'avantage de renforcer un moral de combattante, mais qui peuvent parfois vous transformer en schtroumpfette à cause des chutes et des mauvais coups. Bref, tout ce qui demande à la fois endurance cardiaque et efforts intenses sur de courtes périodes : foot, water-polo, badminton, basketball… Tout est permis du moment que vous êtes encadrée par des pros, bichonnée régulièrement par un ostéopathe pour remettre en place ce qui bouge (eh oui, les côtes, le bassin, on peut prendre des mauvaises postures sans trop le sentir et finir par se faire mal à force de faire du sport sur une structure fragilisée !).

À vous de choisir votre sport, si vous voulez :

– Des fesses sculptées : du vélo, du steppeur, un footing, au moins vingt minutes deux fois par semaine.

– Des jambes légères et des cuisses fermes : sans aucun doute, la natation, qui ne vous brutalisera pas, mais fera fondre en douceur là où il faut.

– Des bras sans gras : quelques pompes, un peu de volley-ball, un zeste de natation et vous y êtes !

– Un ventre charmant : des abdos, du steppeur, pourquoi pas un peu d'équitation au trot enlevé, qui procure un maintien remarquable de la sangle abdominale, avec l'impression en plus d'être une héroïne de film historique.

Je me motive : le sport, c'est topissime pour...

Énormément de bonnes raisons de faire bouger son petit corps, quel que soit le sport que vous choisissez... Passage en revue de tous les bienfaits pour se motiver :

– Mon enveloppe charnelle : je m'assouplis, je me muscle, j'oxygène mes tissus donc aussi mon cerveau, je fais circuler mon sang, je dynamise mon cœur, je tonifie ma peau, je fais du muscle donc je chasse les graisses, donc je suis trop méga canon, gaulée comme... une fille qui fait du sport. Donc je suis bien dans ma peau, donc je rayonne de joie, donc je suis encore mieux... Vous voyez le plan ?

– Mon mental : faire du sport, ça donne confiance en soi, on a plus les pieds sur terre. Comme on est bien dans son corps, on équilibre fatigue nerveuse (boulot, réflexion, tout ce que l'on doit faire au cours d'une journée de travail, le stress...) et fatigue physique. Cette énergie nouvelle nous rend plus dynamique et plus positive, car le sport, c'est l'occasion de se vider la tête en se concentrant totalement sur son corps, les mouvements à faire, le déroulement du jeu...

– Mon esprit : je fais de la danse avec des amies, un sport d'équipe, je cultive la merveilleuse fraternité de l'esprit d'équipe, je suis unie et soudée dans la sueur, bref, ça ressemble à une pub pour des chaussures de running, mais c'est vrai. Ça donne envie de se dépasser, d'aller au maximum de ses capacités, avec les autres, une vraie connexion à la fois intime et fraternelle ! L'esprit de Jeux olympiques moins la super compèt', on est tous potes quand on se roule dans la boue en jouant au foot, paraît-il...

Cadeau bonus : ma trousse de beauté tonique/nature

Tu les aimes, mes fesses ? Pour avoir la fesselisseéferme de BB, le plan d'action face postérieure en béton se situe en trois étapes simultanées : ce que l'on va manger, comment on va les poupougner avec des soins faits maison et faits exprès : gommage et huile.

La fesse molle a plusieurs ennemis déclarés : la sédentarité, la rétention d'eau et l'accumulation des graisses. Donc on se bouge en douceur, un quart d'heure tous les jours pour commencer, pour réveiller les muscles et faciliter le drainage. Le steppeur est tout à fait indiqué d'ailleurs. On fait la chasse au sel caché qui garde l'eau dans les coins, on chasse aussi le sucre blanc qui se transforme en gras et on le remplace par des sucres lents. Enfin, on n'oublie pas de manger des protéines pour aider les muscles à se reconstruire après l'effort.

L'alliée minceur de ce régime est la tisane de queue de cerises ! À raison de trois tasses par jour, vous éliminerez l'eau emprisonnée dans les tissus, gagnant ainsi quelques bons centimètres de tour de cuisses/fesses et une plus grande fermeté de la peau ! Ça, c'est pour la partie « remodelage de l'intérieur ».

Ensuite, on attaque l'aspect externe avec un bon gommage-massage au gant de crin tous les deux-trois jours (en fonction de la résistance de la peau, on espace plus ou moins les gratouilles). On fait des ronds vigoureux : ça apporte du sang neuf et permet de chasser les vieilles graisses qui stagnent là depuis bien trop longtemps.

Recette de gommage maison : tonique minceur aux huiles essentielles

Dans un bol, mélangez trois cuillères à soupe de sucre en poudre et deux cuillères à soupe d'huile de calophylle inophylle (ça fonctionne aussi avec de l'huile d'amande douce ou de l'huile d'olive, cette recette peut donc être adaptée pour les porte-monnaie un peu vides !!). En mélangeant, vous obtenez une pâte, à laquelle vous ajoutez dix gouttes d'huile essentielle de pamplemousse. Cette dernière a la propriété de lutter contre la cellulite et la rétention d'eau, mais aussi d'être un tonifiant du système nerveux. De quoi démarrer en pleine forme !

Après ce soin dynamique, on se fait une douche écossaise en partant de l'intérieur des chevilles, on remonte jusqu'à la hanche, on passe généreusement sur les fesses et on redescend à l'extérieur de la jambe. En alternant eau chaude et eau froide, on stimule tous nos petits vaisseaux et on facilite le drainage.

En sortant de la douche, on s'applique un soin tout bio tout fait maison

Dans une bouteille d'une contenance de 100 millilitres on mélange :

Moitié huile d'argan, moitié huile de calophylle inophylle (l'huile d'argan tonifie, l'huile de calophylle est décongestionnante, drainante et anti-inflammatoire, or, la cellulite est une micro-inflammation des tissus !).

On y ajoute des huiles essentielles : la menthe poivrée pour son effet dynamisant, le cyprès pour l'effet tonique circulatoire, le citron (zeste) qui déstocke, le géranium rosat qui va re-tendre les tissus, l'hélichryse italienne qui fait circuler.

On résume :

- – 50 ml d'huile végétale d'argan
- – 50 ml d'huile végétale de calophylle inophylle
- – 10 gouttes d'huile essentielle de menthe poivrée
- – 25 gouttes d'huile essentielle de cyprès
- – 10 gouttes d'huile essentielle de zeste de citron
- – 10 gouttes d'huile essentielle de géranium rosat
- – 10 gouttes d'huile essentielle d'hélichryse italienne

N'utilisez pas ce mélange si vous êtes enceinte ou en allaitement, ni sans avoir fait un test au creux du coude 24 h avant de vous l'appliquer généreusement !

Un teint de rose, en toutes circonstances

Pour une peau de poupée, on pense toujours à bien manger sa dose de vitamine C, qui donne une peau rayonnante, et des acides gras essentiels pour la nourrir du dedans. Mais après ? Rien de tel qu'un petit masque coup d'éclat fait maison, une à deux fois par semaine pour entretenir un velouté de teint frais comme il se doit !

On commence par choisir la base du masque : de l'argile en poudre. En fonction de votre type de peau, choisissez la couleur de la vôtre :

– argile verte si votre peau est à tendance grasse ;

– argile rouge pour les peaux sensibles et sèches ayant besoin d'éclat ;

– argile jaune pour les peaux grasses et sensibles ;

– argile blanche pour peaux sèches et fragiles ;

– argile bleue pour les peaux « grisées », qui manquent d'oxygène ;

– argile rose si votre peau est très délicate, sujette aux rougeurs.

La recette suivante permet de faire environ 3 masques.
Pour la base :
– 9 cuillères à soupe de l'argile de votre choix
– 5 gouttes d'huile végétale de rose musquée
– 6 cuillères à soupe d'eau de source ou filtrée
Côté huiles essentielles :
– 3 gouttes d'huile essentielle de géranium rosat
– 3 gouttes d'huile essentielle de bois de rose
On applique ce mélange sur le visage et le cou humidifiés une bonne dizaine de minutes.

Et pour Chéri Bibi, qui ne veut pas trop mettre de la crème « comme les gonzesses », sur notre lancée, on lui fait un soin multi-emploi : hydratant, régénérant ET huile de rasage ! Et oui, on peut efficacement remplacer la traditionelle mousse à raser par une huile faite tranquilou à la casa, ça sent bon, bon, bon et c'est tout bio ! Qui va être le plus beau des mâles du quartier ? C'est Chéri-Bibounet !

Huile de rasage dynamisante
Pour un flacon-pompe de 50 ml :
– 49 ml d'huile végétale d'avocat
– 50 gouttes d'huile essentielle de vétiver
– 15 gouttes d'huile essentielle de laurier noble
– 8 gouttes d'huile essentielle de menthe poivrée
– 5 gouttes d'huile essentielle de tea tree

Testez toujours avant de tartiner le visage de JJ sur un petit coin de peau, histoire de savoir AVANT s'il est allergique !

Les dix façons de savoir qu'il est temps de faire du sport

1. Monter les courses sur trois étages vous transforme en phoque de mer (niveau bruit de respiration).

2. Vos mollets sont plats.

3. Vous ne pouvez pas danser sur *Ça m'énerve* de Helmut Fritz jusqu'au bout des trois minutes trente huit (faites le test dès que possible, mais assurez-vous d'être seule !).

4. Choubidou d'amour a fait plus de deux blagues en un mois sur vos poignées d'amour.

5. Vous avez envie de vous la raconter sur votre tapis de yoga, façon Eva Longoria en pleine séance de training.

6. Vous voulez qu'on vous dise très très souvent : « Tu as une pêche incroyable ! »

7. Vous rêvez de traverser les Alpes en rollers.

8. Vous culpabilisez en pensant à tout ces délicieux cupcakes ingérés hier pendant le goûter.

9. Quand vous essayez des fringues, la vendeuse vous propose systématiquement la taille du dessus pour « être plus à l'aise ».

10. Vous avez envie de ressortir votre robe fétiche.

5

Comment tirer le meilleur parti de mes nuits

Merci au Dr Olivier Pallanca, spécialiste du sommeil pour sa relecture attentive !

Le sommeil, comment ça marche, à quoi ça sert ?

Pendant que l'on s'endort, telle la princesse au petit pois sur ses mille matelas, on déconnecte totalement : détente et relaxation musculaire et intellectuelle à leur maximum, on perd la notion du monde qui nous entoure.

Comme un tiers de notre vie y passe, mieux vaut chouchouter cette phase de notre existence, si précieuse pour la suite des événements de la journée.

Besoin d'idées pour ne pas passer à côté de vos nuits, avec risque de réveil grognon et face d'espadon pas frais ? Débrancher correctement, ça s'apprivoise, ça s'apprend, et surtout, c'est différent pour chacune d'entre nous.

Comment je fonctionne ?

Le test de la marmotte agile.

Pour vous le sommeil, c'est :

A. Une perte de temps. Vous avez bien trop de choses à faire pour faire le california maki sous votre couette sans éprouver de la culpabilité.

B. Une passion, pour dormir, vous seriez prête à tout sacrifier : zaper le petit dej', faire l'impasse sur la douche et aller au bureau en nuisette avec les cheveux gras pour un quart d'heure de plus au chaud dans le lit.

C. Un combat : le sommeil se cache tellement bien que vous avez souvent du mal à le trouver, même en vous repassant l'intégrale des films de Bergman en VO.

Réponse A : Il est urgent d'apprendre quels sont vos vrais besoins, pour ne plus négliger cet aspect important de votre santé globale. Savoir trouver la juste dose, sans se soucier des autres, c'est la garantie d'être encore plus efficace le jour.

Réponse B : Soit vous manquez clairement de sommeil et il va falloir apprendre à regarder les derniers épisodes de *Desperate Housewives* à un autre moment que juste avant de dormir (fatal, de se coucher « juste après un petit dernier pour savoir ce qui va se passer après », c'est un coup à finir à trois heures du matin !), soit vous avez juste un besoin de sommeil énorme et là, il va falloir trouver un moyen d'équilibrer vos besoins avec la vie active !

Réponse C : Laissez tomber les films d'auteur et les livres de philo, recentrez-vous sur ce qui vous empêche de dormir, prenez un petit cocktail molotov de plantes qui apaisent et quelques postures relaxantes, vous n'aurez pas le temps de vous rendre compte que vous dormez déjà.

Comment on dort ? Les cycles

Quand on plonge dans le sommeil du juste, notre corps se met en grève de la production d'histamine, ce neurotransmetteur qui maintient le cerveau en éveil.

Les spécialistes parlent de « cycles » de sommeil. Notre nuit se compose d'environ cinq cycles de quatre-vingt-dix minutes chacun. Chaque cycle comporte lui même différentes phases : phase de sommeil lent léger, phase de sommeil lent profond et enfin sommeil paradoxal.

Le sommeil lent dure une soixantaine de minutes et se décompose ainsi : sommeil lent léger, sommeil profond. Son rôle est primordial : nous faire récupérer physiquement de la fatigue et du stress de la journée, permettre au corps de fabriquer tranquillement son stock de défenses immunitaires, régénérer nos tissus, notre peau, nos cellules, intégrer de nouvelles connaissances… C'est un peu la phase passage par le garage, « On vous fait la révision des cent mille, ma p'tite dame ? » Pas facile de zapper cette phase sans risquer d'être, à terme, en très petite forme physique !

Le sommeil paradoxal suit le sommeil lent et dure une vingtaine de minutes. C'est le moment où l'on rêve, totalement absente aux bruits extérieurs, il est très difficile d'être bien réveillée si on nous tire des bras de Morphée à ce moment-là. Attention, si vous ne dormez pas assez, cela se fera au détriment de votre sommeil paradoxal, le sommeil lent profond sera la seule phase que vous expérimenterez en dormant. Le sommeil paradoxal est majoritaire en fin de nuit.

Bien que la fonction des rêves reste assez mystérieuse, on attribue à cette phase de sommeil paradoxal la fonction de régulateur psychique et émotionnel : on traite les informations reçues durant l'éveil, on gère les frustrations, bref, on laisse le champ libre à nos émotions.

Les rêves

Même mystérieux et peuplés de symboles étranges, d'images farfelues ou dérangeantes, que l'on s'en souvienne ou pas au réveil, nos rêves sont le témoignage de notre vie intérieure.

Il est rare qu'on leur accorde la place qu'ils méritent, car on les considère comme trop éloignés de nos préoccupations quotidiennes. De même, les tentatives d'interprétations à coup de raccourcis assassins n'aident pas à donner leur juste place à nos séances nocturnes privées.

Commencez par tenir un petit journal, le matin, des bribes qui remontent à la surface du conscient.

Sans poser de jugement, notez ce dont vous vous souvenez.

Cela crée un lien entre les deux parties de vous : celle consciente, qui gère votre état d'éveil et l'autre, nocturne, qui vous renseigne sur votre état intérieur. Il est très probable qu'à force de noter régulièrement vos aventures, un fil conducteur va se dessiner, des thèmes récurrents apparaître et vous vous souviendrez de mieux en mieux de vos rêves.

Ils vous aideront à vous reconnecter à votre être essentiel, à comprendre, en analysant les symboles et ce qu'ils vous évoquent, les fils qui tissent l'écharpe de votre inconscient.

Vous aborderez en douceur les rives de votre personnalité cachée.

Entre ces cycles, une phase de sommeil intermédiaire, plus léger, crée la transition avec l'éveil ou un nouveau cycle. C'est le meilleur moment pour se réveiller !

Savoir quel est son rythme de sommeil

Quoi qu'en dise grand-maman, il n'y a pas de règle absolue et applicable à toutes en matière de sommeil ! Vous pouvez tout à fait dormir trois heures et être en forme toute la journée ? Vous n'êtes pas nécessairement insomniaque, c'est votre rythme ! Vous avez besoin d'écraser dix bonnes heures l'oreiller pour vous sentir fraîche et dispose le matin ? N'écoutez pas ceux qui vous traitent de marmotte hibernante et apathique, il est tout à fait possible que cela soit votre façon à vous de récupérer vraiment totalement ! Le tout étant de savoir si le peu de sommeil ou le trop de dodo sont réellement adaptés à vous.

Voici comment le savoir :

– Première étape, je définis mon nombre d'heures idéal :

Tout commence avec un joli petit carnet, choisi par vos soins, qui tient dans votre sac à main. C'est votre « agenda du sommeil ». Un peu comme votre agenda normal, sauf que, là, vous allez noter vos rendez-vous avec la lune. Chaque jour, pendant trois semaines, notez combien d'heures vous avez dormi, week-end inclus. Au bout de trois semaines, faites une moyenne : vous tenez là votre temps de sommeil idéal.

Demandez également à vos parents comment ils dormaient à votre âge, car nos temps et rythme de sommeil sont également génétiques.

– Deuxième étape, je trouve si je suis une couche-tard ou une lève-tôt :

Continuez ce petit carnet de rendez-vous avec vos nuits rempli de votre besoin de sommeil : déterminez si vous êtes du soir ou du matin, c'est-à-dire capable de vous coucher hyper tard ou alors plutôt axée matin « coco-ricoré le soleil vient de se lever et je suis déjà en pleine power-attitude ».

Il doit rester quelques pages au carnet qui vont vous servir à noter, chaque jour, à quelle heure vous avez votre coup de barre de l'après-midi. Tout le monde l'a plus ou moins. Sachant que vous avez désormais une alimentation saine et dépouillée de tout ce qui provoque obligatoirement une méga envie de dormir (tripes à la mode de Caen et gibier en sauce accompagné de frites), le moment où vous auriez envie de piquer un petit roupillon réparateur sera révélateur.

Si vos paupières sont lourdes à peu près à la même heure tous les jours, vous tenez votre rythme.

La moyenne des somnolences se situe entre 13 et 16 heures.

Au delà, si vous avez envie d'une sieste à 17 heures, c'est que vous êtes du soir. Ce moment de somnolence apparaît pile poil douze heures avant le milieu de notre nuit.

Explications :

Admettons que vous ayez déterminé plus haut qu'une moyenne de huit heures de sommeil vous satisfaisait pleinement.

Vous commencez à somnoler à 15 h 30.

Douze heures plus tard, il est… 3 h 30 du matin, c'est le milieu de votre nuit. Vous avez donc besoin de vous coucher à 23 h 30 si vous devez vous lever à 7 h 30, pour remplir votre quota de sommeil. Simple comme tout et imparable comme méthode !

Si vous avez l'impression d'avoir les paupières écrasées par une troupe d'hippopotames à votre horaire critique de somnolence, c'est certain, vous manquez de sommeil. Dans ce cas, il vous faudra vingt minutes de sieste pour récupérer dignement et retrouver votre tonic attitude. Reste à convaincre Duboss de vous faire installer un hamac entre le ficus et la machine à café en salle de pause…

Cultiver sa dévotion au sommeil réparateur

Voici trois façons de s'endormir l'esprit léger :

Mon rituel du coucher

Je déconnecte, au sens propre, tout ce qui me relie à l'activité incessante du monde. Le soleil se lève toujours quelque part, alors il faut savoir couper avec le reste du monde pour rentrer dans sa bulle : pas de télé, d'ordinateur, de radio, de jeux vidéo, de lectures stressantes. On doit s'entourer de douceur, de calme et de volupté, ralentir le rythme petit à petit. Je me fais une tisane (voir recettes relaxantes des tisanes de mémé), j'allume une bougie, je me fais un lit et une chambre accueillante, propre et rangée. On peut tout à fait s'endormir dans un lit poisseux de crasse, entourée d'une montagne de linge sale, mais franchement, qui a envie de ça ?

Le corps détendu

– Ce que j'évite de manger et boire avant mon meeting avec Morphée est crucial. Si vous forcez trop sur le thé noir, les boissons énergisantes et caféinées dans l'après-midi ou pire, après le dîner, il y a fort à parier que vous louperez votre rendez-vous avec le sommeil, le retardant d'une bonne heure et demie minimum !

– La digestion, elle aussi, élève la température du corps car elle demande beaucoup d'énergie. Notre température corporelle s'abaisse pendant qu'on dort… Facilitez-vous la tâche en mangeant léger, une heure et demie minimum avant de dormir ! Quelques exemples d'associations maléfiques ? Bavette-frites, fondue savoyarde, couscous royal, sanglier rôti-pâtes… Vous voyez le principe !

– *Ce que je mange pour avoir ma garantie « sommeil d'or »*

On va privilégier les aliments contenant du tryptophane, un acide aminé qui aide à créer la sérotonine, petite molécule ô combien nécessaire : elle régule nos cycles veille-sommeil, et agit sur l'humeur. En bataille, on trouve : le poulet, la dinde, la laitue, le parmesan râpé, les amandes, les graines de sésame ou de courge grillées, la banane… Bref, de quoi se faire une sublime salade complète, genre salade César, parfumée et croustillante en guise de dîner (vous n'êtes pas obligée de mettre de la banane DANS la salade, me faites pas dire ce que j'ai pas dit, hein !).

– *Yoga du sommeil*

Pour se calmer, faire retomber la tension de la journée et se préparer à rentrer dans son cocon, rien de tel que ce petit exercice de yoga : à genoux, le dessus des pieds à plat sur le sol, les mains sur les cuisses, on prend une respiration lente et par le ventre. Au bout de trois respirations, on expire en descendant lentement le buste vers le sol, les bras levés. Les bras se posent sur le sol, entourent les oreilles et les paumes de main se posent elles aussi à plat sur le sol. On se retrouve donc pliée, le dos se relâche. On respire lentement, jusqu'à ce qu'un ou deux bâillements profonds viennent nous signaler que l'on est détendue ! On remonte alors lentement le buste sur une inspiration.

– *Soigner ses extrémités*

Petons chauds = sommeil facile à trouver, c'est l'équation que nous propose la médecine chinoise ancestrale, confirmée par la pratique : quand vous avez du mal à trouver le sommeil, touchez vos pieds ! La plupart du temps, ils sont glacés ! Le sang, qui devrait circuler librement un peu partout dans nos petits vaisseaux sanguins, a du mal à descendre jusqu'aux petons pour cause de capillaires rétractés. De là à dire que le sang destiné aux pieds stagne dans le cerveau, encore en suractivité, il n'y a qu'un pas… Faites du bien à votre tête en attirant le sang vers vos pieds ! Vous décongestionnerez ce haut lieu de trop plein de pensées en prenant un bain de pieds chaud additionné d'une poignée de gros sel parfumé de 5 gouttes d' huile essentielle relaxante comme la mandarine ou la lavande.

L'esprit léger

– On écrit tout ce que l'on a à faire le lendemain, ce qui nous tracasse, on fait des listes, car ce qui est sur le papier n'est plus dans la tête ! Lâchez-vous totalement, soyez crue, franche, mettez-y vraiment tout ce qui vous traverse le chignon.

– On se repasse, mentalement, le film de notre journée en mode « rewind ».

À partir du moment du coucher, c'est-à-dire là, maintenant, en revenant sur tout : brossage de dents, démaquillage, dernières paroles… et si on y arrive, jusqu'au matin, mais en général, le cerveau se déconnecte très rapidement, car l'ordre chrono inversé le met sens dessus dessous et demande trop d'efforts… Il préférera donc sagement nous faire basculer dans l'option sommeil plutôt que de revivre dans l'autre sens et en détail la journée qui vient de s'achever.

– Piquez à votre mémé chérie ses plantes magiques et sa recette de tisane spécial piquage du nez.

Les plantes relaxantes sont là pour nous donner leur jolies molécules apaisantes. Le rituel de préparation de la tisane nous fait entrer dans un autre espace temps de douceur et de volupté : on prend le temps de faire chauffer l'eau, mais sans la porter à ébullition pour ne pas détruire les qualités de la plante. On se choisit un joli sachet sans chlore pour y déposer une grosse pincée de passiflore, de mélisse et de camomille. On les regarde infuser, l'eau se colore en quelques minutes, la température est idéale, vous pouvez déguster !

– La brume d'oreiller, recette géniale pour parfumer ses rêves ! Dans un petit flacon-spray, mélangez un tiers d'alcool à 90° et deux tiers d'eau de source. Ajoutez quelques gouttes d'une huile essentielle dont l'odeur vous calme. Le plus souvent, on utilise la lavande, mais rien ne vous empêche de tester l'orange douce, la verveine, le ravintsara aromatica ou le géranium rosat, à la délicieuse odeur de rose.
Un pschitt au-dessus de l'oreiller et zou ! En route pour une bonne nuit réparatrice !

Commencer chaque journée sans trop se fouler, c'est garder de l'énergie pour après

Deux méthodes pour un réveil qui ne rime pas avec torture

La luminothérapie, même si son efficacité n'est pas scientifiquement prouvée, fait manifestement du bien au moral. Un réveil qui augmente progressivement la luminosité de la pièce jusqu'à reproduire un effet « chambre sous le soleil » ou presque, c'est à l'évidence bien plus sympa que l'animateur radio qui énumère toutes les catastrophes mondiales et autres bonnes raisons d'être déprimée à peine levée !

La musique plutôt qu'une sonnerie stridente, c'est un bon compromis ! Branchez votre lecteur sur la musique qui donne la pêche, programmez-le sur votre heure de réveil… Dancing queen, c'est vous !

Préparer ses affaires la veille, comme si on avait 7 ans

Ça tombe sous le sens, on a dû vous le rabâcher tous les soirs : « Fais ton cartable la veille si tu ne veux pas rater le bus demain ! » N'empêche. Ce quart d'heure de gagné la veille, c'est celui du thé façon tante Ulrike (voir encadré : « La technique de tante Ulrike »).

Ou du réveil chinois (cf. page suivante), voire les deux.

C'est celui qui évite de se rendre compte qu'il va falloir repasser chemise ET pantalon en une minute chrono paskonaplurienasmetresurledos. C'est celui qui évite l'assemblage hasardeux de deux fringues improbables, donc un mal-être constant tout au long de la journée qui va suivre.

C'est celui qui nous débarrasse de la question angoissante : « J'aurais pas oublié le dossier Duchmol-Corporate sur la table de la cuisine ? » deux minutes avant le grand meeting.

C'est du temps de vie gagné, de l'énergie sauvée, des bébés ours blancs en plus sur la banquise, ou presque.

Pour délester mes épaules, j'apprends à déléguer

Non, vous n'êtes pas du matin ? Alors pourquoi persister à penser que Miss Couettes, six ans dans un mois, n'est pas fichue de sortir elle-même le chocolat en poudre du placard ? Et du coup vous lever en grognant comme une hyène fétide tous les jours ?

Les autres sont capables de vous aider. Et de faire aussi bien que vous si vous leur faites confiance. Comme la perfection n'est pas de notre monde, relâchez-vous, identifiez ce qui n'est pas obligatoirement de votre ressort et faites la liste des gens qui sont à même de relever leurs manches pour un p'tit coup de pouce.

Vous n'êtes pas Wonder Woman, et c'est tant mieux, sa combinaison est ridicule.

Exercice d'éveil matinal

Les Chinois l'avaient bien compris. On ne peut pas se lever et être en forme toute la journée sans une phase de transition entre le sommeil et l'éveil.

Aussi ont-ils inventé ce petit « protocole du matin » histoire de se lever du bon pied, tous les jours, sans avoir besoin de trois litres de café (normal, au pays du thé !).

Le Chinois (et nous, qui allons le copier par la même occasion) se met debout, les deux pieds parallèles bien plantés dans le sol, légèrement écartés. Avec ses deux mains, il tapote énergiquement ses jambes, en partant de l'intérieur de la cheville et en remontant jusqu'aux cuisses. Arrivé en haut des cuisses, il redescend le long de la jambe, côté extérieur cette fois-ci.

Et il répète l'opération trois fois.

En imitant le Chinois, vous allez sentir des fourmillements dans les jambes, peut-être de la chaleur : ça circule bien, vous êtes en train de vraiment vous réveiller !

Deuxième étape tout aussi simple : on tapote l'intérieur du bras droit avec la main gauche, en partant du creux du poignet, on remonte jusqu'à l'épaule.

On tapote le dessus de l'épaule, on redescend sur l'extérieur du bras jusqu'à la main.

On fait ça trois fois aussi (le Chinois aime le trois, ne demandez pas pourquoi !).

Pareil avec la main droite sur le bras gauche.

Une fois que l'on a donc réveillé nos deux bras, nos deux jambes (la base, quoi !), on peut passer à la tête.

Avec le bout de l'index, du majeur et de l'annulaire, on tapote (plus doucement, quand même !) le sommet du crâne à partir des premiers cheveux sur le front. On tapote en descendant vers la nuque, comme pour créer une ligne imaginaire séparant la tête en deux. Vous l'aurez deviné, on fait ça aussi trois fois !

Votre cerveau est à présent réveillé, on peut passer aux oreilles. L'index et le majeur forment le V de victoire, on les place autour de l'oreille et on frotte fort de bas en haut (je vous imagine en train d'essayer ce truc dans le métro, en même temps que vous lisez le bouquin… Hihihi !). Quand ça commence à chauffer, on arrête.

Vient ensuite le mouvement dit de « la brosse à dents » : avec les deux index, on frotte en sens inverse le dessus de la lèvre supérieure et le dessous de la lèvre inférieure. Ou si vous préférez, on ressemble à un chimpanzé qui étudie la physique quantique.

Ça prend en tout trois minutes chrono, mais ça change la vie et c'est autre chose que de bondir sur Tutuyutu à 6 h 30 !

Truc de paresseuse : la technique de tante Ulrike

Tante Ulrike a, comme son prénom l'indique peut-être, des origines allemandes. Mais ce qui nous intéresse chez tante Ulrike, c'est qu'elle a réussi le tour de force d'élever 5 enfants pleins de vie sans jamais oublier son sourire au fond de la marmite XXL. ET de bosser quand même. ET de lire plein de livres. ET d'aller au ciné. Et de faire des litres de vin chaud,

des brunchs fabuleux... bref... Ses trucs et recettes pourraient faire l'objet d'un guide des paresseuses complet, mais voici une des recettes secrètes qu'elle partage avec vous, mais faudra pas la répéter.
Tante Ulrike cache dans sa chambre une botte secrète à bonne humeur.
Elle ne se lève pas avec le réveil. Non, non, non.
Trente minutes avant le débarquement officiel des troupes affamées dans la cuisine, tante Ulrike, au chaud sous la couette, est réveillée par un doux glouglou : celui des plantes qui infusent doucement dans sa théière électrique, juste sur sa table de nuit. La veille, elle a mis en route cette petite merveille de technologie, qui va lui préparer docilement à l'heure dite son thé favori, qu'elle pourra siroter tranquille... quelques minutes de calme avant la tempête, au fond de son lit, peinarde.
Moment de zen absolu, contemplatif et serein, quoi de mieux pour commencer sans forcer, se sentir bien ? Profitez-en pour dire vos phrases positives... (voir chapitre 7 : Comment voir la vie en rose plutôt qu'en ciel orageux ?)

Et si mes yeux restent collés, mon esprit embrumé ?

Dans la vie, il y a deux catégories de personnes : celles qui à peine un œil ouvert sont capables de bondir, gérer et vrombir directement en direction du boulot. Et puis il y a les autres... Temps d'émergence incertain, mauvaise humeur, difficulté à comprendre les autres (= ne nous parviennent que des sons inarticulés), incapacité à trouver deux chaussettes identiques...
Pour celles-là, pas le choix, il faut prévoir un sas de décompression, une transition douce entre le sommeil et l'éveil :

– Prévoir un temps et un carnet pour écrire ses rêves, c'est indispensable ! Ça remet les idées en place, permet de refermer le carnet sur nos émotions nocturnes et de passer à autre chose !

– Pas de lumières violentes quand il fait nuit dehors : le petit dej', c'est à la bougie, genre manoir de princesse.

– On s'oxygène le cerveau avant même le petit dej' avec la respiration du guerrier.

Assise, le dos droit, les pieds bien à plat sur le sol, les paumes de main posées sur les cuisses, on respire lentement, en centrant son attention sur le bas du dos. Avec un peu d'entraînement, en contractant légèrement les abdominaux, on parvient à gonfler légèrement la zone lombaire.

Cette respiration appuie sur les surrénales et va agir comme un libérateur d'adrénaline, un stimulant naturel pour bien commencer la journée !

– Si l'on se réveille fatiguée : un cocktail ou deux pour se remettre les idées en place !

Essayez donc de vous faire un super cocktail qui va vous dynamiter la pompe à énergie : à la centrifugeuse, passez trois carottes (pour l'effet antioxydant et purifiant du foie et des intestins), une branche de céleri (pour ses propriétés purifiantes et régulatrices du système nerveux), une pomme (le jus frais de pomme renforce le système immunitaire, est laxatif et diurétique donc nettoie le système digestif !!) et ajoutez soixante gouttes d'eau florale de cassis (le cassis est un excellent antioxydant, il tonifie et protège des infections).

À faire tous les matins, et si rien ne bouge niveau fatigue au bout de deux-trois semaines, il faut voir le paragraphe « J'identifie les vrai soucis » (p. 135) pour tirer au clair la raison de cette fatigue récalcitrante !

Si vous préférez la version plus consistante d'un yaourt, essayez donc cette recette de smoothie : un yaourt de soja, aromatisé ou non selon vos goûts, une poignée de fruits frais (une banane en hiver, des framboises en été), un demi-verre de jus d'ananas et vous avez une boisson délicieuse, nourrissante et bienfaisante !

Petite liste des quelques fruits et légumes faciles à trouver et les bienfaits qu'ils apportent consommés en jus :

En cas de fatigue due au stress

Poire et banane (les deux fruits doivent être bien mûrs, la banane sera réduite en purée pour bien se mélanger au jus de poire).

Effets : la teneur élevée en iode de la poire aide au fonctionnement de la thyroïde, quant à la banane, elle est très énergisante, car riche en magnésium. La combinaison des deux fruits apporte une dose non négligeable de vitamine C.

En cas de coup de pompe dû à un manque de fer

Raisin et prune.

Effets : l'action combinée des antioxydants du raisin et du fer contenu dans les prunes va nous éviter l'anémie si on le consomme régulièrement avant et pendant les phases menstruelles critiques !

En cas de moral dans les chaussettes dès le réveil

Betterave crue et pastèque.

Effets : la betterave (qui a dit « Yeurk » ? Le jus n'a pas le même goût que le légume et, mélangé au goût sucré de la pastèque, c'est un bonheur !) purifie le corps et dynamise le système immunitaire. Elle contient du rubidium, actif contre les coups de mou du moral. Quant à la pastèque, elle calme les émotifs et les esprits torturés.

Pour prévenir la fatigue en grosse période de stress

Pastèque et cerises.

Effets : pastèque qui calme, combat aussi la rétention d'eau au passage (utile si on sait que l'on va devoir ingurgiter quelques plats tout prêts et autres sandwichs affreusement trop salés) et cerises, car elles sont riches en vitamine C, calcium et magnésium, tous impliqués dans la gestion du stress. En prime, ce mélange garantit une belle peau, en la nourrissant de l'intérieur !

En cas de fatigue due aux douleurs menstruelles

Framboises et céleri.

Effets : le céleri favorise l'élimination et aide au drainage des reins, ainsi qu'au bon fonctionnement des systèmes nerveux et sanguins. Les framboises sont réputées pour alléger les douleurs menstruelles et sont riches en antioxydants.

Bien entendu, vous pouvez créer ensuite votre propre recette du matin, en faisant confiance à vos envies.

– Le coup de boost final : l'huile essentielle d'épinette noire.

Plus efficace qu'un petit noir bien serré, l'huile essentielle d'épinette noire sent bon comme une forêt de pins au bord de la mer. Trois gouttes dans le bas du dos, au-dessus des lombaires, frictionnées vigoureusement, vous redonneront envie de bouffer du lion, Duboss et toutes les réunions du jour !

D'expérience, l'épinette noire en friction remplace avantageusement les douze tasses de café bien corsé qu'il faut d'habitude pour se sentir en forme. Utilisée en test empirique sur des artistes/musiciens qui pratiquent leur art une bonne partie de la nuit, cette huile essentielle a montré combien elle est un puissant condensé d'énergie !

– À éviter totalement : le thé noir et le café sur un estomac vide, de même que le jus d'orange, car ils drainent les sucs gastriques qui viennent attaquer les intestins ! Et comble du malheur, ils fatiguent : le thé et le café donnent un faux coup de fouet, en nous donnant l'illusion d'avoir la forme, ils ne font que nous exciter, ce qui va inévitablement faire retomber la motivation un peu plus tard !
On remplace son jus d'orange par des jus de légumes faits maison, et avant de boire son thé vert ou sa tisane, on croque un petit morceau de pain, qui va éviter la dilution des sucs gastriques par la boisson.

Scoop : la vitamine C n'empêche pas de dormir ! Ne bassinez pas vos petits loups avec ça, c'est à grosse dose que l'on excite l'activité du cerveau. En dessous de cent milligrammes de vitamine C, il ne se passe rien du tout… Sauf si vous faites des apnées du sommeil. Là, l'action antioxydante de la vitamine C semble améliorer la respiration ! Ne vous privez plus de fruits avant de dormir !

Et si je suis toujours crevée après tout ça ?

J'identifie les vrais soucis qui demandent de voir un spécialiste

Je me réveille en pleine nuit sans pouvoir me rendormir

Si ça vous arrive rarement, et à cause d'un moustique, pas la peine de s'alarmer !

En revanche, si toutes les nuits sont peuplées de réveils intempestifs, longue durée, que vous ne vous rendormez que juste avant que le réveil sonne, il va falloir se poser les bonnes questions.

Les troubles du sommeil sont souvent un symptôme, c'est-à-dire qu'ils témoignent d'un déséquilibre ailleurs. Pas la peine dans ce cas de s'acharner sur des litres de tisanes pour dormir. Mieux vaut consulter un spécialiste, qui vous aidera à mettre le doigt sur les problèmes qui causent vos insomnies.

Je dors beaucoup, tout le temps et pourtant, je suis toujours fatiguée

Si vous vous sentez molasse malgré un nombre important d'heures de sommeil (entre 8 et 10 heures par nuit environ), soit c'est que votre vie est particulièrement harassante en ce moment et qu'en mangeant mieux, en faisant un peu de sport et une cure de lumière, tout rentrera dans l'ordre rapidement.

Si ça n'est pas le cas, vous faites peut-être une dépression saisonnière, ou une déprime tout court, qui fait que la vie que vous menez, qui ne vous convient peut-être pas, vous donne envie de vous réfugier dans le sommeil. Un travail qui ne vous colle pas à la peau, des soucis de famille, même si vous n'y pensez pas tout le temps, il y a cachalot caché sous le sable fin… Consultez un médecin pour faire le point !

Si ce n'est pas de la déprime, investiguez du côté des apnées du sommeil

Ces blocages intempestifs de la respiration, fréquents chez les personnes âgées ou en surcharge pondérale, peuvent arriver à d'autres périodes de la vie. Comme on ne respire plus sur une courte période, le cerveau s'oxygène moins bien, causant une asphyxie. Ce manque d'oxygène crée la sensation d'être fatiguée dès le réveil et se révèle assez dangereux sur le long terme ! Deux moyens de déterminer si vous avez des apnées du sommeil existent : votre médecin peut estimer que vous devez faire un test en clinique du sommeil (une polysomnographie), auquel cas, vous passez une nuit en clinique, pour que l'on enregistre ce qui se passe pendant votre sommeil : activité du cerveau, mouvements, respiration, flux d'air, oxygénation sanguine… tout est passé au peigne fin. Si votre médecin est certain que vous présentez tous les symptômes des apnées du sommeil, il peut également confirmer son diagnostic en vous faisant dormir avec un appareil de monitoring, qui va enregistrer vos ronflements, variations respiratoires, taux d'oxygène et flux d'air passant dans le nez et la bouche pendant une nuit. Faire ce test est peu de chose comparé aux bénéfices que l'on ressent lorsque l'on respire à nouveau correctement en dormant !

Les dix clés pour un sommeil d'or

1. Aux mêmes heures ou presque, tous les jours on se couchera.
Je zappe la grasse matinée, toujours pour une raison de rythme : quand on dort plus le matin, on ne récupère pas mieux ! Préférer la courte sieste d'un quart d'heure l'aprem'.

2. Un peu de sport on fera.
Se dépenser physiquement équilibre naturellement mon besoin de sommeil.

3. Les excitants/horrifiants le soir, on zappera.
Out, les films d'action, d'horreur, les jeux vidéo, la télé au pied du lit ! Y'a pas mieux pour stimuler l'éveil et rater son horaire d'endormissement naturel à cause d'un surcroît de stress.

4. Le vide dans sa tête, on fera.
En couchant sur le papier ce qui vrille notre matière grise.

5. Un environnement favorable au sommeil, on se préparera.
Une chambre propre, rangée, aérée, de joli draps… C'est apaisant, sécurisant et agréable !

6. Une douche ou un bain tiède on prendra.
Cela prépare notre corps à la baisse de température qui survient pendant le sommeil.

7. Les pieds au chaud, toujours on aura !
Si la tête et le reste du corps doivent être frais, jamais de pieds glacés avant de dormir ! Bouillotte ou bain de pieds chauds marchent mieux que les chaussettes, car ils réchauffent « de l'intérieur ». La chaleur des pieds signale que le sang n'est pas totalement concentré dans la tête, occupée à faire tourner à plein régime notre petit vélo mental !

8. Avec Choubidounet avant de dormir, la paix tu feras !

C'est trop difficile de se coucher (et donc de s'endormir) fâchée, énervée à côté de celui qu'on a, pour le moment, envie de trucider !

9. Une tisane de mémé à base de plantes calmantes on préparera.

Rituel apaisant, il nous fait rentrer déjà un peu dans l'univers du sommeil avec de la mélisse ou de la passiflore. Morphée vous attend avec le marchand de sable dès votre sortie de la cuisine.

10. Une brume d'oreiller, on se concoctera.

Pour un pschitt qui vous transporte directement au pays des rêves en parfums.

6

Comment anéantir les bobos-cochonneries qui me mettent raplapla

Merci à Éloise Thierry, biologiste, pour ses précisions !

Allo maman bobo !

Si vous faites partie de la catégorie « jamais malade, toujours en forme », passez votre chemin, chère énervante.

Ici, nous nous adressons aux paresseuses normales, celles qui parfois ont des coups de mou, le nez qui coule et des petits virus qui se tapent l'incruste au cœur de l'hiver. Quoi de plus courant, me direz-vous, que ce genre de bobos désagréables ? Même si vous vous acharnez à vous soigner de la façon la plus naturelle possible, vous arrive-t-il parfois de vous dire qu'en prenant le problème à sa source, vous pourriez éviter certains de ces désagréments ?

On s'occupe trop souvent des symptômes, qui sont les manifestations visibles de nos bobos, et pas assez de la cause. Exemple : chaque année après les fêtes de la dinde, vous avez systématiquement, au choix : une gastro, un gros rhume… Vous vous ruez sur le même remède qui a fait ses preuves, mais l'année d'après, bing ! Pareil. Le caractère chronique d'un bobo doit vous mettre la puce à l'oreille. Quelque chose cloche dans votre organisme, reste à trouver quoi pour passer au travers l'année d'après. Voici comment transformer son corps en un bouclier ultrarésistant, qui passera au travers d'une grosse majorité de cochonneries de saison !

Mieux vaut prévenir

Le système immunitaire keske c'est koidonc ?

Ce sont nos troupes d'élite interne et externe anti-invasion.

À la fois agent de renseignement et escadron surentraîné façon Légion étrangère, nos leucocytes, plus couramment appelés par leur petit nom : les « globules blancs », dénoncent la présence d'intrus dans notre petit corps et se chargent de les liquider en un temps record.

Ils interviennent partout où ça fait mal, dans les cas les plus divers : chute de mémé dans les orties, piqûre de la Belle au bois dormant avec son rouet (quoique, dans ce cas précis, l'aiguille étant empoisonnée, ils ont eu un peu de mal à s'en sortir les globules de la princesse, mais bon, y'avait le prince pour remonter d'un baiser le système immunitaire, mais c'est une autre histoire dont je vous parlerai après !), grosse canicule, vague de froid, tentative de squattage par une bactérie, un virus, un champignon… Bref, tous ces hôtes indésirables qui trouvent que notre petit corps à température constante ferait un logis parfait pour développer leur famille nombreuse… C'est dire si nos globules ont du boulot !

Plusieurs barrières s'opposent au squat intempestif.

La première de toutes : la peau. C'est la plus grande zone de contact avec l'extérieur, elle a donc tout intérêt à être sacrément bien armée.

Comme la nature est bien faite, elle possède des cellules ultra-spécialistes dans le domaine : Langerhans de leur petit nom. Elles sont là pour croquer les intrus, et les emmener dans les profondeur de nos ganglions, où ils seront détruits sans pitié par les leucocytes.

Viennent ensuite en bataillons rangés les muqueuses dont la couche protectrice empêche le squat et la prolifération des intrus, l'acidité gastrique qui détruit les bactéries contenues dans nos aliments, nos larmes, nos poumons… Tout ce qui est plus ou moins directement en contact avec le monde extérieur possède son système de défense.

Nous possédons également un système anti-émeutes bactériennes, virales et microbiennes à l'intérieur même du corps, qui circulent pour faire des contrôles d'identité de tout ce qui se balade dans nos tuyaux. Ils sont censés savoir faire la différence entre ce qui est nous et ce qui ne devrait pas être là, car n'appartenant pas à notre corps.

La présence de tout ce beau monde peut donner lieu à certains carnages plus violents que le débarquement sur les plages normandes, et vous serez secouée violemment par les échos des combats : ganglions enflés, fatigue, fièvre, inflammation (c'est plutôt rouge, chaud, gonflé et douloureux)…

Voyons donc comment nourrir, protéger notre système de défense interne, histoire que nos guerriers personnels soient toujours assez en forme pour dévorer l'armée de cochonneries qui nous guettent.

Identifier les ennemis : bactéries ou virus ?

La bactérie est un être vivant et assez autonome : elle peut vivre sans nous, se débrouille toute seule comme une grande cellule, avec son ADN perso et tout. Elle a juste pas de noyau dans sa cellule, mais ça ne l'empêche pas de vivre. Sa grande spécialité ? L'infection respiratoire. Toutes les bactéries ne sont pas méchantes et avides de provoquer d'affreuses maladies, mais notons quand même la présence dans cette grande famille de quelques catégories : les bactéries qui s'acharnent sur des pauvres êtres déjà affaiblis (les opportunistes), les bactéries qui sont obligées de squatter pour survivre (pathogènes obligatoires) et enfin, celles qui interviennent quand la Belle au bois dormant se pique avec la vieille quenouille pourrie de son rouet : les bactéries accidentelles (genre elles avaient rien demandé, hop, on se blesse, pas de chance, elles sont là, la vue leur plaît, hop, elles s'installent, les garces).

Son pote le virus est quant à lui un squatteur intempestif, bien incapable de vivre et de se multiplier s'il ne parasite pas une cellule. Sa présence affaiblit le système immunitaire et peut donc préparer la place à des invasions… de bactéries ! Dans nos deux catégories, on retrouve des maladies graves et moins graves, donc sur le plan de la nuisance, virus et bactéries sont à égalité.

La meilleure solution, c'est de surentraîner ses p'tits globules version *boot camp* à l'américaine, histoire qu'ils soient bien chauds du phagocytage quand les intrus arrivent (oui, nos globules phagocytent, c'est-à-dire qu'il croûtent/dévorent/ingèrent/mangent les intrus pour les faire disparaître. Efficace et pour le moins radical comme méthode, à ne pas tenter tout de suite avec Duboss, ou alors il faut avoir très faim).

Renforcer son bouclier immunitaire

Alimentation

Une chose est certaine : mieux on mange, plus nos leucocytes auront la pêche (la malnutrition et la dénutrition, le manque de protéines et de calories ont un effet désastreux sur notre immunité).

Une autre chose à retenir : la malbouffe, un apport trop pauvre en nutriments essentiels et vitamines, pas assez de fruits et de légumes, trop de graisses saturées, de farines blanches et donc appauvries en éléments nutritionnels, trop de sucre blanc… contribuent aussi à mettre nos précieux globules blancs dans le vent.

Il faut donc trouver le juste équilibre entre trop et pas assez d'aliments et la qualité de ce que l'on ingère !

Mieux vaut éviter, en période sensible, d'avaler n'importe quoi, qui donnerait à notre organisme un tri monstrueux à faire entre ce qui est potable, acceptable ou dangereux.

Aussi, si vous savez que l'été est pour vous une période critique de cystites (infections urinaires) et l'hiver crucial niveau bronchites, vous ferez attention à ne pas vous gaver de fromages crus, bourrés de micro-organismes parfois assez limites sur le plan de l'honnêteté immunitaire. *Idem* pour les sushis, les steaks tartare, bref, tout ce qui pourrait donner un surcroît d'activité malvenu, mobilisant vos troupes ailleurs, les dispersant aux quatre coins du corps, pas toujours là où l'infection fait rage !

Ensuite, mieux vaut veiller au grain pour avoir sa dose de zinc, calcium, fer, cuivre et vitamines car tous sont indispensables pour éviter de tomber malade.

Monodiètes

Votre meilleur allié en cas de passage infectieux reste la monodiète. Ça tombe plutôt bien : on a rarement faim quand on est malade, fiévreuse et grelottante. Si malgré tout l'envie vous vient de vous remplir l'estomac, choisissez un aliment unique, et cuit. Soupe, purée, bouillon de légumes seront tout à fait digestes, et bien plus utiles du point de vue du soutien immunitaire.

Même lorsque l'on est pas au fond du gouffre, on note une amélioration sensible de l'état de santé : dynamisme, peau plus belle car foie moins surchargé… On peut donc tout à fait faire des monodiètes préventives aux changements de saison, avant ou après de gros repas. L'intérêt réside dans le fait que, de courte durée (72 heures maximum), la monodiète puise dans nos réserves sans affaiblir l'organisme, et « recycle » nos déchets, libérant ainsi les organes de tri, comme le foie, de leurs toxines.

La façon la plus simple de se faire une petite détox sans trop en suer ? Un soir par semaine, un seul aliment et beaucoup de tisane (de romarin par exemple) ou d'eau de source et le tour est joué.

Faire du sport

Oui, mais pas trop ! Joie !!! Les dernières études scientifiques démontrent avec brio que l'effort physique intense affaiblit le système immunitaire (notamment augmentant les risques de bronchites). La sédentarité totale n'est pas la réponse la plus appropriée non plus, puisque ne jamais se bouger le popotin fragilise notre immunité.

La pratique régulière et modérée du sport améliore notre santé globale et par la même occasion nos capacités de défenses immunitaires.

Pas la peine donc de tenter le marathon d'emblée, la marche au grand air, la danse, tout ce qui vous fait plaisir en vous faisant bouger est bon pour renforcer votre immunité !!

Rire

Le rire est un excellent… antidépresseur ! Par antidépresseur, on entend bien entendu l'effet sur le moral, mais aussi, sur la dépression immunitaire, donc rire lutte contre la baisse de l'immunité.

On se fait une perfusion d'adrénaline et de noradrénaline en rigolant, qui ont un effet non négligeable sur notre moral… Et comme la déprime agit sur le système immunitaire en l'affaiblissant, ne vous en privez pas, riez ! Une bonne séance de décrochage des mâchoires provoque des réactions positives en cascade sur l'organisme : comme il enlève les tensions et nous fait sécréter de la sérotonine, il nous aide à trouver le sommeil. Or le sommeil aide notre corps à se régénérer, donc à lutter efficacement contre les microbes.

Lorsque l'on se roule par terre, on oxygène notre cerveau en respirant plus, et les mouvements du diaphragme nous font un automassage intestinal, ce qui empêche d'être constipée, donc évite la stagnation et la prolifération de bactéries indésirables dans nos chers tubes digestifs.

Enfin, les endorphines que l'on sécrète en rigolant ont un effet antidouleur. Tout les moyens sont bons : spectacles comiques, comédies, livres voire s'inscrire à des clubs de rire…

Se payer une bonne séance de youplapouet sous la couette, des mégacâlins

Il existe des gens dont le métier consiste à analyser ce qui se passe en nous quand on aime, jouit, mange. Les neurobiologistes font des tas de tests hypersérieux en labo, sur rats, humains (le genre scientifique qui chope tout ce qui passe par là pour l'analyser quoi !) et en retirent des conclusions édifiantes pour notre quotidien du type : quand on fait l'amour, on sécrète de l'ocytocine. Et on frôle le raz de marée quand on arrive à l'orgasme. L'ocytocine, c'est l'hormone du bien-être.

Grâce à elle, on plane, on se sent heureuse, apaisée, en sécurité, on dort comme un bébé… C'est l'hormone repérée comme principal déclencheur du sentiment amoureux.

Une neurobiologiste tout ce qu'il y a de plus sérieuse, Lucy Vincent, a décidé que son travail serait de décrypter les mécanismes de l'amour. En dopant des rats à l'ocytocine, elle s'est rendu compte qu'ils cicatrisaient plus facilement et qu'ils se fichaient vachement plus qu'on leur fasse du mal (pauvres bêtes, quand même !).
Cette découverte, couplée aux recherches du Pr Sheldon Cohen, qui lui s'est rendu compte que lorsque l'on se sent heureuse, apaisée et calme (soit tous les effets que nous procure l'ocytocine !) on a trois fois plus de chances de rester en bonne santé !

Trucs de paresseuse : six bonnes raisons supplémentaires de tendre un guet-apens sexo-immunitaire à son cher et tendre :

– Les gros câlins libèrent des antihistaminiques, qui luttent contre la fièvre et l'asthme…
– Une sexualité épanouie atténue le stress, qui est un facteur de baisse immunitaire.
– On augmente son taux immunoglobine A, qui est un anticorps.
– On résiste mieux à la douleur, même celle des périodes menstruelles (hé ouiii !)
– Faire l'amour deux fois par semaine améliore aussi notre espérance de vie, pourquoi se priver ?
– C'est trop bon, gratuit, et on oublie tout ça vite fait pour se consacrer totalement au velouté de la peau de notre aimé !

– Mon immunité encore plus forte, avec quelques compléments :
Les compléments alimentaires sont là pour nous aider à équilibrer les périodes de la vie où les carences nous guettent, soit à

cause d'un régime particulier (régime minceur, végétarisme, intolérances alimentaires…) soit à cause d'un rythme de vie effréné (pas assez de crapuleries sous la couette ?), mettant à mal nos réserves.

La législation propose une grille de lecture des vitamines et minéraux sur la base des apports journaliers recommandés (les fameux AJR sur les étiquettes, mais aussi les Apport Nutritionnels Conseillés qui donnent des points de repère globaux), mais il faut savoir que ces recommandations sont faites sur la base des doses minimales théoriquement nécessaires.

Par exemple, l'AJR en vitamine C permet uniquement de ne pas se coltiner le scorbut, c'est donc vraiment la dose la plus mini que l'on puisse avaler pour se maintenir en vie !

Les études réalisées dans ce domaine prouvent qu'une plus grande dose de vitamines que celle légalement conseillée permet de conserver un état de santé stable pour un individu moyen.

Il y a une différence notable entre rester en vie et vivre en forme, notion qui varie beaucoup d'un mode de vie à un autre.

Sont inclus dans les compléments alimentaires : les plantes, les vitamines, les minéraux, les acides aminés et les enzymes. En voici quelques-uns qui vont vous permettre de passer au travers des épisodes infectieux :

Echinacea en extrait de plante fraîche

L'echinacea est une plante originaire d'Amérique du Nord, traditionnellement utilisée par les Indiens dans leurs préparations thérapeutiques. Elle produit de jolies fleurs roses, mais ce sont ses racines qui nous intéressent. Transformé en liquide par un processus d'extraction respectueux de ses propriétés, l'extrait liquide (ou extrait de plante fraîche) est un merveilleux atout préventif.

Il sera en revanche d'une efficacité moindre si l'infection est déjà bien installée. Il faut donc l'avoir sous la main, histoire de pouvoir en prendre dès que vous sentez une phase critique pointer le bout de son nez. À raison d'une trentaine de gouttes, trois fois par jour avant les repas dans un peu d'eau ou de jus, vous soutiendrez votre immunité pour qu'elle ne flanche pas face aux assauts bactériens.

Les oligoéléments

Présents en microquantités en nous, ils font pourtant souvent défaut alors qu'ils sont indispensables à un bon équilibre global. Revue de nos amis les oligoéléments :

– Zinc : oligoélément indispensable, le zinc est présent en quantité infime dans notre corps (deux à trois grammes seulement). Il est partout. Constituant de nos cellules, c'est lui qui intervient dans la réparation de notre ADN par le biais des enzymes. L'ADN est présent dans toutes nos cellules sans exception, c'est lui qui est porteur de notre carte d'identité, de notre hérédité et qui contient toutes les informations nécessaires au développement de nos cellules. Une carence en zinc n'est donc, à la base, pas très glorieuse pour notre santé : enzymes inefficaces car carencées en zinc = ADN endommagé = maladies moyennement cool type cancer.

Quand on ajoute à cela qu'il est aussi coresponsable (avec les fameuses enzymes) d'une partie du métabolisme des glucides et des protéines, on comprend pourquoi, en phase critique, mieux vaut s'assurer de sa présence.

Dans une alimentation équilibrée, il n'est pas très difficile à trouver : dans les fruits de mer en général et les huîtres en particulier, dans les légumineuses, la viande, les noix et le germe de blé. En phase infectieuse, on complémente son petit corps avec une ampoule de zinc sous forme liquide, le matin à jeun, directement sous la langue.

Le trio gagnant : cuivre, or, argent

Prise sous forme d'oligoéléments, c'est la triade anti-infectieuse par excellence. Vous pouvez aussi essayer de porter en même temps tous vos bijoux faits de ces trois métaux, mais le résultat n'est pas garanti. Mieux vaut pousser la porte de votre pharmacie, toutes les officines en ont !

Ce mélange agit comme un antibiotique naturel, l'argent combine son effet anti-infectieux à l'or, qui active la capacité destructrice des globules blancs. Le cuivre est quant à lui un antioxydant majeur. À essayer également pour faire cicatriser une plaie plus rapidement, ce trio de luxe se prend comme le zinc : sous la langue à jeun.

Ginseng

De son petit nom *Panax ginseng*, c'est une joyeuseté immunitaire que nous offre la nature. La racine du ginseng est utilisée depuis des millénaires en médecine traditionnelle asiatique pour ses fabuleuses propriétés stimulantes. Elle fait partie du très VIP club des plantes adaptogènes, qui ont pour particularité de renforcer l'organisme de façon globale, de l'aider à faire face aux diverses formes de stress qu'il rencontre. Le ginseng n'a donc pas une activité ciblée sur un organe, mais régule nos métabolismes, dans un sens ou un autre : il stimule lorsque nous sommes fatiguées, apaise en cas de stress.

Probiotiques : mes bactéries et moi en parfaite harmonie !

On ne vous dit pas tout !! En réalité, les bactéries ne sont pas toutes ennemies (voir chapitre 3). Certaines, indispensables, empêchent le développement des indésirables, c'est une lutte permanente de bactéries : gentilles *versus* colonisatrices dans nos intestins. Si, par malheur, ce sont les hôtes indésirables qui prennent le dessus, mieux vaut dans ce cas apporter du renfort avec des pré- et des probiotiques. Oui madame, on va avaler des bactéries vivantes faites exprès, et on ne dit pas « beurk ».

D'abord, le goût n'est pas mauvais, la plupart du temps en poudre, c'est légèrement sucré et si vraiment l'idée de gober de la bactérie vous débecte, reste toujours la solution des gélules !

En période critique (si tout le monde, y compris JJ et Miss Couette, se coltine une pneumonie par exemple), on n'attend pas d'être complètement chiffon-carpette pour s'y mettre. On commence tout de suite à se protéger en en prenant une à deux fois par jour.

Si on doit passer par la phase antibiotiques à cause d'une bactérie bien virulente, là aussi, pas la peine de boire des pseudo yaourts santé enrichis en trucs de la flore chaispasquoi : ça sert à quelque chose, mais c'est franchement pas assez fort pour avoir un effet notable et c'est bourré de sucres pas bons. Donc, là aussi on dégaine ses probiotiques pour se reconstruire une jolie flore intestinale bien forte. Car les antibiotiques, c'est tellement efficace que ça détruit tout sur son passage, y compris les bonnes bactéries-amies. Il faut donc repeupler ce petit monde pour éviter de devoir à nouveau essuyer les conséquences d'une flore intestinale perturbée.

La vrai bonne idée (VBI) : le point sur nos besoins en vitamines avec l'étude SUVIMAX

Cette étude scientifique, menée sur huit ans et 13 000 personnes, portait sur la prévention des risques de développement de maladies chroniques par la supplémentation en

vitamines et minéraux antioxydants. En bref : est-ce que la prise de vitamines et minéraux réduit les risques de maladies graves ?
Publiée en juin 2003, les résultats sont édifiants : pallier les carences, manger beaucoup de fruits et légumes, bénéficier d'une supplémentation en vitamines et minéraux si l'on est carencé, tout cela a effectivement un lien direct sur notre santé. D'où le fameux message des cinq fruits et légumes par jour, décidé en partie sur la base de cette étude.

Tous les compléments décrits au chapitre 3 sont aussi recommandés : spiruline, pollen, vitamine C, sérum de Quinton, chlorure de magnésium…

La minute on se la raconte grave en immunologie, je sais ce qu'est la diapédèse ! (juste pour frimer, parce qu'en soi, ça changera pas grand-chose, concrètement, à part à avoir une meilleure estime de soi, donc, qui sait un meilleur moral, donc une meilleure immunité, ben en fait, lisez ce paragraphe, c'est bon pour vos globules !).
La diapédèse, ça veut dire que nos chers globules ne se contentent pas de se laisser pousser par le courant (sanguin) pour se déplacer. Ils se servent de leurs petites papattes pour se barrer hors des capillaires sanguins et faire leur boulot de service de sécurité musclé là où il y a du grabuge inflammatoire. En tant qu'ancienne adepte de *Il était une fois la vie,* où on voit les globules se balader avec képi et matraque, il semblait important de préciser que le globule ne marche pas. Il pratique la diapédèse. Classe.

Mon bien-être à la racine : la réflexologie plantaire

Prendre son pied, on est toutes pour ! Petit tour d'horizon du bien-être par les petons.

Comment ça marche ?

La réflexologie nous arrive tout droit de la médecine traditionnelle chinoise. Les Chinois envisagent la santé comme une libre circulation de notre énergie vitale (le QI, rien à voir avec le quotient intellectuel) dans le corps. Énergie qui circule à travers des méridiens, tous en lien avec nos organes phares. Ces méridiens trouvent leurs points de départ et d'arrivée au bout des doigts et des doigts de pieds. En les stimulant, on agit à distance sur les dits organes.

Autre grand principe régissant la réflexologie : tout est dans tout. L'idée que l'infiniment grand est identique à l'infiniment petit, que l'on retrouve dans la paume de la main, la plante du pied, l'œil ou l'oreille tous les éléments constitutifs de notre corps. En gros, un grain de sable est un univers à lui tout seul, notre corps est comme le système solaire ou les saisons : avec des cycles réguliers qui le régissent.

Tout ça pour dire que vous pouvez vous stimuler le foie sous la plante des pieds, et c'est rudement pratique ! Outre la détente fabuleuse que procure un massage des pieds, juste après une séance de réflexologie plantaire, vous sentirez une grande fatigue ou un énorme regain d'énergie. Tout dépend de votre état de fatigue et de nervosité avant une séance. Le lendemain, les effets positifs se font sentir : les jambes plus légères, moins de stress, une circulation plus fluide, l'impression d'être « remise sur pieds » au sens propre du terme !

Les différentes méthodes pour partir du bon pied

À la main

Si vous avez un peu de souplesse, partez explorer vos propres pieds. L'idée générale est de partir du talon pour remonter vers les orteils, en sentant les endroits où la peau et les couches inférieures sont plus tendues, avec une différence de texture par rapport au reste du pied. Peu importe si vous ne connaissez pas la cartographie du pied, à quoi correspond la zone que vous massez. Ça n'est pas forcement la peine d'intellectualiser pour que cela soit efficace !

Dès que vos doigts s'attardent sur une surface à la texture différente, appuyez dessus un moment, en décrivant des petits cercles sur place avec vos pouces.

La méthode Tom-Thaï

Tom a découvert la réflexologie à un moment de sa vie où le stress prenait une place assez importante. Il n'a pas créé de méthode reconnue, ce n'est pas un professeur émérite de réflexologie, mais comme tante Ulrike, comme vous et moi, il met dans son quotidien des choses nouvelles, intuitivement bonnes qui méritent d'être partagées (nous sommes tous des êtres uniques et exceptionnels, pas vrai ? !).

Bref, Tom est un adepte de la réflexologie méthode musclée, celle où l'on appuie bien fort là où ça fait mal. Quand on est bien stressé, y'a que ça de vrai pour faire redescendre la pression. Il en a eu marre de s'assassiner les pouces à force d'appuyer comme un dément sur ses plantes de pied rougies. Il a donc assigné à cet usage exclusif le bout rond d'une cuillère en bois.

Comme ça, il peut appuyer comme un fou et n'avoir mal que là où il faut : sous les petons. Cette méthode est d'ailleurs un truc ancestral thaïlandais : on trouve là-bas de jolis bâtons de bois à forme ergonomique spéciale pour stimuler les points… D'où la méthode Tom-Thaï, subtil mélange de l'intuition et de la tradition *via* une simple cuillère en bois, qui ne servira plus jamais pour touiller les macaronis, enfin on espère, sinon plus personne viendra manger des pâtes chez vous !

La balle de tennis pour soulager en global et détendre rapidement

La version balle de tennis sous la voûte plantaire se révèle moins précise que les pouces ou la cuillère, mais plus rapide et plus facile. On s'assoit, le dos bien calé, pieds au sol, mains posées sur les cuisses et on fait rouler une balle de tennis sous la plante des pieds. C'est divinement relaxant, surtout après une journée de crapahutage et ça évite de devoir se plier en quatre sur le canapé pour attraper ses pieds !

Les claquettes chinoises

Vous avez constamment besoin de moments de pause, une radicale envie de vous donner une bonne claque de détente, comme un shoot de chocolat, plusieurs fois par jour ?
Oubliez les méthodes d'avant, qui demandent un vrai temps de pause d'au moins vingt minutes. Investissez dans une paire de réflexo-tongues. Ok, ça ne s'appelle pas comme ça, mais ça ressemble tellement aux tongues d'un maître nageur qui serait aussi un peu fakir sur les bords… une paire de tongues avec plein de picots en bois de différentes tailles, judicieusement placés pour

stimuler les points essentiels. On en trouve bien entendu dans les bazars chinois et dans les boutiques bien-être, du style de celles qui vous vendent des appeaux à mésanges en plein Paris, des huiles essentielles et des graines de balcon.

Attendez-vous à des sensations fortes quand vous les porterez au début ! Ça fourmille, ça picote, c'est quasi impossible de faire deux pas sans avoir l'air d'être grabataire tellement on se plie en deux pour éviter de poser la plante du pied au sol… mais rassurez-vous : après quelques jours, vous pourrez parader dans l'open-space comme un maître nageur dans sa piscine : en faisant claquer bruyamment les sandalettes, de long en large (pour assumer la claquette dans l'open-space, voir chapitre sur la pensée positive, construisez-vous un mantra du type : « Je suis belle dans mes sandalettes et tout le monde adore mon look tellement décalé qu'il est pointu, donc d'avant garde, donc génial, comme moi »…)

Voir un pro : la méthode ancestrale-radicale versus *la méthode douce*

Si vous ne voulez pas vous faire virer de votre cabinet d'avocats super corporate parce que vous vous pointez au tribunal en sandalettes chinoises, allez voir un pro !

Un bon réflexologue sait sentir à partir de vos pieds ce qui se passe dans votre corps. Ne soyez pas surprise s'il détecte vos douleurs prémenstruelles ou votre tendance à la bronchite, c'est que c'est un bon ! Les formations sont légion, de la méthode ancestrale, où il faut appuyer pour libérer les tensions, à la méthode douce, où l'on stimule en douceur le point avec l'aide de quelques huiles essentielles en plus des doigts…

Choisissez celle qui vous convient le mieux, regardez sur le site de la Fédération française de réflexologie ou sur le site de la Fédération francophone des praticiens et enseignants en réflexologie ou bien encore l'Institut français de réflexologie (pour la méthode douce aux huiles essentielles !), vous y trouverez un répertoire des praticiens diplômés dans chaque région.

Ma potion magique anti-infectieuse, à se frotter sous la plante des pieds

Chauffez vos petons en les frottant dans vos mains, étirez-les dans la largeur avec les pouces, entourez vos orteils depuis la base avec trois doigts et remontez vers le bout des doigts de pied en tournant légèrement. Vos pieds sont bien stimulés, vous sentez que ça circule à nouveau ? C'est le moment de vous frictionner la plante des petons avec quelques gouttes du mélange suivant :

– 75 gouttes de ravintsare (*Cinnamomum camphora*)
– 50 gouttes de tea tree
– Une cuillère à soupe d'huile de cumin noir (nigelle)

Frottez jusqu'à pénétration du mélange, vous vous sentirez tonifiée en période où virus et bactéries sont tapies dans les coins, prêts à bondir… Ne vous en privez pas non plus quand vous êtes déjà au fond du lit, sauf si vous êtes un enfant (!), enceinte, allaitant ou allergique aux huiles essentielles, bien entendu !

Savoir prendre soin de soi quand on est mal fichue : le manuel du parfait petit naturopathe*

J'ai le nez qui coule

Ce que j'évite

Pendant tout le temps où vous avez le nez pris, les sinus bouchés, pas la peine de se ruer sur les pâtes aux quatre fromages : enlevez de votre alimentation les produits laitiers, les farines de blé, seigle, avoine et orge, les charcuteries et l'alcool. Les fritures, les graisses saturées ne sont pas non plus vos amies, oubliez-les !

Ce que je favorise

Les fruits et légumes, cuits ou crus, sous toutes leurs formes (exceptés frits, pas de blague avec une plâtrée de frites, hein !), les tisanes qui aident le foie et dégagent les voies respiratoires.

Ma pharmacie naturelle

Des tisanes de romarin et d'eucalyptus, en alternance avec des tisanes de thym.

---

* Ces conseils ne vous dispensent JAMAIS de consulter votre médecin !

Des inhalations : dans un bol d'eau chaude, on verse trois gouttes d'*Eucalyptus globulus*, on recouvre sa tête d'une serviette et on respire dix minutes. À renouveler deux à trois fois par jour jusqu'à l'amélioration des symptômes.

En prévention

Quand la phase critique du nez qui coule approche, qu'il fait froid, que vous êtes stressée ou fatiguée, mangez léger, des légumes juste cuits à la vapeur pour bénéficier des vitamines qui soutiennent le travail de nos chers globules.

Le petit plus qui fait la différence

Diffuser des huiles essentielles qui purifient l'air et dégagent les voies respiratoires : *Eucalyptus globulus*, *Eucalyptus Radiata*, ravintsare, tea-tree…

Se cocooner les petons avec un bain de pieds maison : une poignée de gros sel assaisonné d'une vingtaine de gouttes de l'huile essentielle de ravintsare. On trempe une vingtaine de minutes pour laisser infuser, se détendre et profiter des bienfaits de l'huile essentielle.

En cas de gorge en feu

Ce que j'évite

Tout ce qui irrite la gorge : aliments solides, excitants comme le thé et le café, chanter à pleine gorge sous une douche glacée, marcher dans la neige…

Ce que je favorise

Les soupes et les jus de légumes, les diffusions d'huiles essentielles comme le ravintsare ou le sapin baumier.

Ma pharmacie naturelle

Tisanes de thym avec un peu de miel : à volonté !
Tous les produits à base de propolis : en spray pour la gorge, en pâte à mâcher, en extrait liquide…
On fait des gargarismes avec une infusion de sauge (une petite poignée pour un litre d'eau).

En prévention

On ne fait pas l'impasse sur le petit foulard de soie glamour qui protège notre fragile gorge !

Le petit plus qui fait la différence

Avoir dans son sac un petit flacon d'huile essentielle de tea tree, anti-infectieuse par excellence et la dégainer dès les premiers symptômes : quelques gouttes sur le cou.

En cas de crampes

Ce que j'évite

J'évite à tout prix de boire du thé noir et du café toute la journée, ils capturent les minéraux et déshydratent. À bannir également, les fruits et légumes acides, comme les oranges, les pamplemousses, les kiwis, les mandarines et les tomates.

Ce que je favorise

Tous les aliments contenant du calcium et du magnésium : céréales complètes, tofu, fruits doux (bananes, pommes, poires…) et légumes.
Pensez à vous hydrater régulièrement.

Ma pharmacie naturelle

On prend une ampoule de sérum de Quinton le matin à jeun dans un peu d'eau. Si les crampes persistent, passez au chlorure de magnésium, à raison d'un quart de verre tous les matins.

En prévention

Mangez des fruits secs : noisettes, amandes, bananes séchées sont de bonnes sources de nutriments anticrampes.

Le petit plus qui fait la différence

Pour faire passer la crampe, il faut appliquer du froid sur la zone douloureuse et étirer le muscle dans le sens inverse du mouvement de tétanie.

En cas de jambes lourdes

Ce que j'évite

À tout prix de rester debout et de piétiner toute la journée, de rester assise trop longtemps aussi, les pantalons, jupes et ceintures serrés à la taille, les bains chauds.

J'évite les chaussettes affreusement serrées, les talons de 57 cm de haut et les semelles trop plates.
J'évite aussi d'avoir le transit intestinal aussi bouché que le périph' aux heures de pointe.

Ce que je favorise

L'activité physique douce, comme la piscine, où le poids du corps, supporté par l'eau se fait oublier. L'eau masse en douceur et soulage nos gambettes.
Je mange plus de légumes et de fruits crus, des bonnes huiles pour entretenir l'élasticité de mes parois veineuses.

Ma pharmacie naturelle

Je me concocte des tisanes de *Ginkgo biloba*, vigne rouge et hamamélis trois fois par jour : ces plantes stimulent la tonicité veineuse et la circulation.

En prévention

Je porte des collants ou des bas de contention avant de prendre l'avion, si je sais que je vais devoir rester longtemps debout, assise…
Je tonifie mes jambes avec des douches écossaises, en terminant toujours par de l'eau froide.
Je fais des cures de raisin, dont les polyphénols sont bénéfiques au tonus veineux.

En cas de mal au ventre juste avant et pendant mes règles

Ce que j'évite

Tout ce qui peut contrarier le travail de cette zone en « phase critique » : ceintures et vêtements qui compriment la zone, d'être constipée, de respirer comme une hyène en apnée…
Les excitants comme le thé noir, le café, la cigarette, les mauvaises graisses.

Ce que je favorise

Les crudités, les poissons des mers froides, les positions de yoga qui « ouvrent » le bassin (allongée sur le dos, on ramène ses plantes de pied l'une contre l'autre, ce qui nous donne *grosso modo* une position de grenouille aux genoux pliés !).

Ma pharmacie naturelle

Des capsules conjuguant de l'huile d'onagre et de bourrache, à prendre deux semaines avant les règles et pendant, pour mettre de l'huile dans nos rouages.
En cas de spasmes trop violents, quelques gouttes d'huile essentielle de basilic tropical dans de l'huile végétale (amande douce, sésame) sur le ventre et une bouillotte chaude vous soulageront.

En prévention

On se prépare à l'invasion communiste mensuelle dix jours avant, avec des infusions de racines de sauge après les repas.

En cas d'haleine de charogne de poney

Ce que j'évite

Tout ce qui encombre le foie : alimentation trop riche, toxiques et excitants, alcool et tabac.
À proscrire aussi pendant un temps : les viandes rouges, charcuteries et autres joyeusetés.
On évite aussi d'éviter son dentiste !

Ce que je favorise

Un transit régulier (une fois par jour minimum !)
Des aliments sains, peu transformés et complets, les plus bio possible.

Ma pharmacie naturelle

Si le problème n'a pas pour origine les dents, on soulage son foie avec trois semaines de tisanes de feuilles de romarin sans les tiges.

En prévention

On se fait des monodiètes régulièrement, histoire de bien drainer notre organisme chéri et d'éviter l'encombrement de toxines !
On investit dans un râpe langue indien, qui racle les cochonneries à la surface de la langue, geste d'hygiène ô combien complémentaire au brossage des dents.

En cas de constipation

Ce que j'évite

Les farines non complètes qui bouchent la tuyauterie : pâtes blanches, riz blanc… Les gros steaks tartare et manger des fruits crus en fin de repas.

Ce que je favorise

On boit de l'eau, on mange un peu de crudités en début de repas, des légumes et des fibres complètes ensuite.

Ma pharmacie naturelle

On avale une cuillère à soupe de graines de psyllium trempées au préalable dans un verre d'eau, pendant une semaine. Les mucilages qui sont dedans aident le transit à redevenir régulier.

Rien de tel que les probiotiques à raison d'un sachet tous les soirs avant de dormir pour retrouver une flore équilibrée qui fait bien son boulot.

En prévention

On pense à bien respirer profondément pour se faire un automassage abdominal, on stimule ses intestins en faisant du sport, on va voir régulièrement son ostéopathe pour s'assurer qu'aucun blocage mécanique ailleurs dans le corps ne bloque le transit.

En cas de mycoses

Ce que j'évite

À tout prix le sucre, qui déséquilibre la flore, mais aussi les sous-vêtements en matières synthétiques et les pantalons trop serrés, ainsi que le banal savon destiné à se laver le corps, qui détériore lui aussi la flore. Il faut également éviter les douches vaginales qui ne nettoient pas mais qui pulvérisent notre fragile équilibre intime.

Ce que je favorise

Tout ce qui va drainer avec efficacité les intestins : les fibres complètes des céréales et des légumes, boire régulièrement. Porter des vêtements amples et en fibres naturelles.

Ma pharmacie naturelle

Un médecin aromathérapeute peut vous faire une formule d'ovules aux huiles essentielles pour faire disparaître les mycoses. On couplera l'action locale avec un rééquilibrage de la flore intestinale avec des probiotiques.

En prévention

J'utilise un savon gynécologique biologique et neutre, dans lequel j'ajoute une dizaine de gouttes d'huile essentielle de tea tree. On lave régulièrement les serviettes de bain et les zones humides de la maison pour éviter l'apparition de micro-organismes.

En cas d'aigreurs d'estomac

Ce que j'évite

On sent bien qu'il y a des aliments qui ne passent pas : les fruits acides (kiwi, ananas, agrumes…) mais aussi les vins blancs et champagnes, l'alcool en général, le café et parfois le thé, les épices, les produits laitiers… On essaye le plus possible de gérer le stress, qui est souvent l'élément déclencheur des aigreurs d'estomac.

Ce que je favorise

Des aliments qui calment le feu et l'acidité : bananes, céréales, légumes cuits…

Ma pharmacie naturelle

Une simple pincée de bicarbonate dans un verre d'eau rétablit l'acidité stomacale à court terme de façon superefficace.

En prévention

On apprend à se recentrer sur sa respiration, par exemple avec des séances de sophrologie-relaxation. La gestion du stress et une alimentation moins acide règlent généralement le problème rapidement.

En cas de diarrhées

Ce que j'évite

À l'inverse de la constipation, on évite de manger trop de fibres, notamment des fruits et légumes crus.

On évite de laisser trainer ! Si cela dure, il y a risque de déshydratation.

Ce que je favorise

Je me réhydrate, je mange du riz bien blanc et je bois l'eau de cuisson pour colmater la fuite, des bananes ou des coings…

Ma pharmacie naturelle

Une cuillère à soupe d'argile dans un verre d'eau, on laisse l'argile tomber au fond du verre après avoir remué et on boit uniquement l'eau du dessus, sans l'argile du fond.
On peut aussi réguler son transit en prenant du charbon végétal activé en poudre, une grosse cuillère à soupe dans un verre d'eau deux à trois fois par jour jusqu'à retrouver des selles normales.

En prévention

Les diarrhées sont parfois liées à ce que l'on mange, difficile de prévoir une intoxication alimentaire. En revanche, en stimulant son système immunitaire, on passe à côté des gastro-entérites, c'est déjà pas mal !

En cas de coupures

Ce que j'évite

On fuit tout ce qui affaiblit le système immunitaire (voir plus haut) pour ne pas favoriser l'intrusion de virus et bactéries.

Ce que je favorise

Tous les aliments avec de la vitamine C, qui aide à reconstituer notre peau. Les jus de légumes sont aussi un bon moyen d'apporter rapidement les nutriments dont le corps a besoin.

Ma pharmacie naturelle

Si on a des huiles essentielles sous la main, on nettoie avec du tea tree, puis on aide à la cicatrisation avec de l'huile essentielle de lavande.

En cas de piqûres d'insecte

Ce que j'évite

Pas de panique, si ça gonfle beaucoup, on file aux urgences sans réfléchir.

Ce que je favorise

Avoir toujours une petite pompe à venin dans le sac de rando, ça aide, ainsi que de chauffer fort la zone piquée pour faire ressortir le venin (comme on ne recommande pas la cigarette, on ne va pas la citer, mais bon).

Ma pharmacie naturelle

Une bouteille d'huile essentielle de lavande, puisqu'on vous dit que ça sert à tout ! Là aussi, cela réduit l'inflammation, les démangeaisons et aide la peau à combattre la micro-infection locale.

En prévention

Essayez d'arrêter de jouer au ping-pong avec la guêpe dans le rôle de la balle et votre main dans le rôle de la raquette, ça finit par mal tourner ces histoires !

Quelle thérapie naturelle pour quels bobos ? Choisir son praticien de santé

Pourquoi je vais voir un

Naturopathe ?

Le naturopathe est là pour vous aider à équilibrer votre hygiène de vie, vous aider à comprendre la cause de vos soucis en vous posant des questions sur votre alimentation, votre rythme de vie, vos antécédents. Il stimule vos capacités d'autorégénération en aidant le corps à se débarrasser de ses toxines, en le dynamisant ou en le drainant. Il vous aidera à appréhender une compréhension globale de votre être.

Ostéopathe ?

L'ostéopathe s'occupe de votre structure, des soucis qu'ils soient musculaires, osseux, viscéraux… Il rééquilibre votre être par un ensemble de techniques manuelles, de mobilisation musculaires et nerveuses. Indispensable d'aller le voir pour vérifier que tout est bien en place au moins tous les ans.

Réflexologue ?

Le réflexologue se concentre sur vos pieds, où il peut ressentir les blocages du reste du corps. Les techniques de stimulation de points précis sur le pied libèrent les tensions et stimulent le processus de guérison.

Phytothérapeute ?

Le phytothérapeute manie l'art de se faire du bien avec les plantes sous toutes leurs formes : tisanes, décoctions, macérations, cataplasmes… Il trouvera l'essence naturelle la plus appropriée pour vous aider à retrouver une vie équilibrée et stimuler ainsi les capacités d'autorégénération de votre corps.

Aromathérapeute ?

L'aromathérapeute manie les huiles essentielles pour votre bien-être. Il les accommode à diverses sauces pour aider, en local ou en interne, à régler les soucis qui se présentent et à équilibrer un terrain défaillant. Vous pouvez donc le consulter également en préventif.

Homéopathe ?

Un homéopathe utilise un produit similaire à ce qui produit les symptômes pour guérir, mais dilué à une dose infinitésimale. Thérapie très douce, elle est utile pour rééquilibrer certains déséquilibres récurrents, qui font partie de votre bagage physique, mais aussi pour venir à bout de bobos qui pointent le bout de leur nez.

	Jambes lourdes	**Nez qui coule/ Gorge en feu**	**Constipation/ diarrhée**	**Migraines**
Naturopathe	OUI	OUI	OUI	OUI
Ostéopathe	OUI	NON	OUI	OUI
Réflexologue	OUI	NON	OUI	OUI
Phytothérapeute	OUI	OUI	OUI	OUI
Aromathérapeute	OUI	OUI	OUI	OUI
Homéopathe	OUI	OUI	OUI	OUI

Ce tableau est donné à titre indicatif. Les pratiques citées ne dispensent pas de consulter un médecin.

Dix façons de saborder sa résistance aux infections

1. Sortez. En string. Sous la neige.

2. Faites tomber votre chewing-gum sur le trottoir. Ramassez-le et continuez à le mâcher comme si de rien était.

3. Touchez le plus souvent possible, sans jamais vous laver les mains : les poignées des toilettes publiques, la barre du métro, les claviers des distributeurs automatiques.

4. Contentez-vous d'un régime à base de chips, gin-tonic, pizzas pendant tout un hiver.

5. Séparez-vous de votre conjoint, snobez vos amis, bref, faites le vide affectif autour de vous, négligez tout ce qui ressemble à un échange gratifiant ou agréable avec autrui.

6. Trouvez un métier stressant, de préférence avec des horaires décalés, un boss irrascible et des collègues hargneux.

7. En cas de coupure ou de bobo, ne désinfectez surtout pas, ou alors avec du gravier.

8. Ne prenez pas de vacances.

9. Ne pratiquez surtout pas de sport, ni de relaxation, ni de danse de chant.

10. N'entretenez pas votre intérieur à l'eau de Javel, ça sent trop la piscine municipale, laissez la vaisselle du mois dernier encore un petit mois, attendez que la faune et la flore s'installent naturellement dessus.

7

Comment voir la vie en rose plutôt qu'en ciel orageux

Garder le mental-power-positive-staile

La tonic' attitude, c'est aussi dans la tête. Adepte de la négative attitude, vous avez créé votre propre mur des lamentations, dans le salon, pour déposer vos nombreuses doléances quotidiennes. Vous pensez toujours que la poisse est votre amie. La preuve ? Vous SAVEZ qu'elle vous colle comme un vieux chewing-gum sous une semelle de Louboutin neuve. Vous avez fini par vous habituer : chérubin qui décide de régurgiter son petit déjeuner (sur votre chemisier blanc fraîchement repassé) le jour où vous êtes en retard au boulot, c'est votre copine Lapoisse. Résignée au pire, vous savez que s'il y a une tuile qui tombe, c'est pour votre pomme.

Mais voilà, on ne peut pas cultiver la tonic attitude sur le terrain aride du défaitisme programmé.

Pour avoir la pêche, il faut croire en soi, faire confiance à la vie, savoir faire la différence entre un tas de poussières et le mont Blanc, histoire de ne pas perdre une énergie de dingue à transformer les aléas de la vie en catastrophes nucléaires interplanétaires. Pour être en forme, mieux vaut arrêter tout de suite de penser que la vie s'acharne sur votre destin pour en faire une suite de poisses ininterrompues. Ces jours où la moindre contrariété prend des proportions hallucinantes, où tout s'accumule, où on se sent impuissante, voire nulle et inutile, où on se demande vraiment ce que l'on fiche là, au milieu de la tourmente, sans prise sur le monde qui nous entoure, baladée de souci en catastrophe, ces jours-là, c'est le bon moment pour retourner en soi, faire le point et voir ce que l'on veut changer.

Une fois que vous avez consciencieusement balayé dans les placards et le frigo, il faut travailler le mental ! Mine de rien, une étape est déjà franchie, car prendre le temps de scruter ce que l'on va mettre dans son estomac n'est pas anodin. Se nourrir, c'est notre premier besoin avec respirer !

Accepter de changer ses habitudes alimentaires est le signe que l'on est prête pour une grande transformation intérieure. Et justement, vous avez remarqué, parfois, on est tellement cool que les problèmes sont comme des petites fientes de mouche sur notre chemin : à peine remarquées, déjà balayées !

Accrochez-vous à ce canot de sauvetage qui va vous montrer comment on peut naviguer sur l'océan de la vie (si, si !) sans encombre, essuyer les pires tempêtes en gardant le cap et toujours, toujours, garder en tête que l'on peut améliorer sa vie. On fait des choix, tout le temps. Plus ou moins consciente, on se retrouve toujours dans une situation que l'on a choisie. Apprenez comment choisir en pleine connaissance de cause, en dirigeant les chemins tortueux de votre esprit vers plus de joie, de positif, de sérénité et d'accomplissement.

Démonstration.

Je STREEEEEEEESSE !

C'est normal. Un peu, à petites doses. Le stress, c'est la réponse de notre organisme lorsque nous sommes soumis à des contraintes. C'est notre moyen de faire face et de nous adapter. Le stress date probablement de nos ancêtres les caverneux, histoire de trouver la motivation de se faire un petit sprint en face d'une bête sauvage tous crocs dehors.

Rien de tel qu'une franche accélération du rythme cardiaque et de la respiration pour bien oxygéner les muscles, et donc courir plus vite.

Et même si la fuite devant la bête sauvage, c'est assez rare de nos jours, on continue à faire appel à ce mécanisme pour assurer notre survie. Ce qui donne des coups de stress pour des raisons aussi diverses que la pression au travail, des changements dans notre vie de famille, des décalages horaires, des douleurs répétées… Plus grand-chose à voir avec de la survie pure. Quoique.

Le souci, ce n'est pas d'avoir la capacité à stresser. Car en soi, avoir un système de défense intégré qui fonctionne, c'est assez rassurant. Le stress est là pour nous tirer par la manche, nous faire comprendre qu'il y a quelque chose qui cloche et qui ne nous convient pas.

Sauf que, lorsque l'on dit « souffrir » du stress, ce n'est pas un petit emballement de notre vapeur interne qui pose souci. C'est cet état de pression permanente, qui ne retombe jamais. Et chaque nouveau petit grain de sable dans notre vie vient en rajouter une couche sur le gros tas de trucs qui nous titillent déjà.

Le plus gros risque, c'est qu'à force d'accumuler sans jamais décompresser (ou pas assez décompresser) on finit par se créer des maladies, des vraies. Par exemple, le désormais célèbre « burn out » qui caractérise un syndrôme généré par le stress au travail. C'est bien simple, on ne peut plus rien faire, comme dans une belle grosse dépression.

Identifier l'ennemi : différencier le stress interne du stress externe

Les facteurs de stress externe

Fastoche, on en croise tous les jours au bureau ! Des dossiers qui s'accumulent, des rapports à rendre, des coups de pression de Duboss pour les réunions... Sans compter les transports, le fait de se lever trop tôt, de manger (trop) vite, debout... Le bruit et le froid sont également des facteurs de stress externe (nous sommes faits pour vivre les doigts de pieds en éventail, sous les cocotiers... Grande nouvelle !) non négligeables.

Ensuite, il y a tous les gros événements de la vie, joyeux comme tristes, qui nous chamboulent : mariage, changement de travail ou licenciement, divorce, décès, déménagement...

Le stress externe peut aussi être positif : c'est le eu-stress. Quand quelque chose de positif nous arrive, cela chamboule le métabolisme du corps, qui se met à fonctionner différemment.

Regardez donc dans quel état vous met la vue de Jean-Jules au moment de votre coup de foudre. Et s'il vous passe un coup de fil, c'est l'embrasement des palpitations, la fête des petits papillons dans le ventre !

Vous déménagez dans un nouveau lieu, qui est plus à la hauteur de vos attentes : plus grand, plus lumineux... C'est tout de même une perte de repère, qui va vous demander un temps d'adaptation. Bien entendu, on ne va pas se pencher plus que ça sur les conséquences de ce stress-là, qui est plus souvent un moteur qu'une contrainte !

Les facteurs de stress interne

Il y a tout d'abord le petit vélo qui pédale sans arrêt dans la tête, celui qui fait s'enchaîner à la vitesse d'un supersonique les pensées les plus diverses, souvent les plus angoissantes d'ailleurs : que faire, comment, où, avec qui ? On y est tellement habituée que l'on y prête plus attention, mais que cela concerne les grands choix de vie ou les détails du quotidien, on se fait souvent du souci en continu sur l'avenir et son organisation. Les pensées négatives (je n'y arriverais jamais, c'est trop dur, pourquoi moi ?...) nous « polluent de l'intérieur » et créent toutes seules un stress interne qui a bien souvent tendance à se répercuter dans notre corps. On se crée des maux de ventre, de dos, des palpitations cardiaques, des maux de tête... La palette de nos autotortures est vaste !

Ensuite, si vous souffrez déjà de bobos récurrents, sachez qu'ils sont un facteur de stress important, la douleur nous mettant de façon constante en état d'alerte.

Petit exemple que l'on trouverait négligeable s'il n'était si important à long terme : un transit ou une digestion difficile « stresse » notre organisme. Une constipation chronique, pour parler clairement, n'est pas juste un désagrément qui nous tend le ventre et nous occupe l'esprit. C'est un facteur de stress d'autant plus important qu'il est en général chronique.

Normalement, ce genre de problèmes s'en va en allant pêcher dans le chapitre 2.

On a plus la pêche quand on se sent valorisée

Et sans attendre des médailles de la part de Duboss, Jean-Jules et des mouflets, reconnaissez vous-même vos victoires. Même les plus petites. Chaque soir avant de dormir, faites mentalement ou sur papier la liste de vos réussites de la journée. Vous vous êtes levée à l'heure, avez bouclé ou avancé un dossier important, pris des nouvelles d'une collègue malade, acheté de quoi préparer un dîner équilibré, préparé et réussi le dîner, chouchouté les enfants et J-J…

Vous avez raté le dîner ? Oui, mais vous n'avez pas pété les plombs et mis une ambiance crasseuse à la maison, vous avez envoyé J-J et les mouflets chercher des pizzas, avec le sourire et avec une petite salade, vous vous sentez à la fois parfaitement mère, parfaitement responsable et tout à fait détendue. Victoire !

Toutes ces petites choses qui font de vous une femme Unique et Irremplaçable, tellement de détails roulent grâce à vous, prenez-en conscience !

Lancez-vous des petits défis

Vous connaissez vos faiblesses ? Identifiez plutôt ce qui vous rend fière de vous, heureuse !

Jonglez avec les autres et l'adversité. Comprenez le monde qui vous entoure. Ayez des objectifs réalisables, des petits défis du quotidien qui vous feront réaliser comme vous êtes formidable !

Se ré-approprier son corps

Plutôt que d'imaginer une victoire sur vous-même faite uniquement d'Everest, de traversée du désert sur des talons hauts et de Tour de France en trottinette, mettez un peu d'exploit dans le quotidien. Réussir à aller faire du sport une fois par semaine quand ça fait des années que l'on a oublié le sens du terme « bouger son corps », c'est un vrai défi. Et pas besoin pour ça d'aller suer sang et eau comme dans les films américains où l'héroïne donne tout ce qu'elle a. Non, non, non. Une heure de vélo en forêt suffit amplement.

La victoire sur l'énervement

Pensez à Miss-Vipère, rien qu'à la voir, vous avez envie de fuir ou de lui lacérer la langue avec un cure-dents tant elle est mauvaise. Elle persifle sur tout et tout le monde, est aigrie, méchante, malveillante. Défi du jour : lier le contact, même un tout petit peu. Petit à petit, tenter de comprendre ce qui la met dans cet état. Être méchant gratuitement cache souvent de grandes faiblesses, des failles narcissiques immenses et une grosse tristesse, ou colère. Une fois les douleurs de l'ennemi identifiées, il paraît nettement moins effrayant.

La victoire du savoir dire non

C'est bien plus difficile de dire non qu'il n'y paraît ! Accordez-vous le droit de réfléchir lorsqu'on vous demande un service, gros ou petit. Prenez le temps de vous demander si réellement, ça vous fait plaisir de recevoir tout le week-end les jumeaux infernaux de Nathalie et Franck, leur chat et le hamster pour qu'ils puissent partir en rando peinards. Peut-être qu'au fond de vous,

vous ne rêviez que d'un feu de bois, d'un bon film, du thé et des gâteaux, pas de courir derrière Théo et Zoé qui veulent décapiter votre canari pour le rôtir au sèche-linge ensuite. Savourez le plaisir augmenté de savoir à quoi vous avez échappé tout en bullant sur le canap'. Simplement parce que vous avez dit : « Comme c'est dommage ! Nous avions prévu autre chose avec Jean-Jules, il y a des amis échangistes/nudistes qui viennent passer le week end (effet garanti !) ».

La victoire de ne pas être parfaite

Il faudrait tout savoir faire, avoir de la créativité ET du rendement, être ferme ET à l'écoute, intuitive ET logique… Ben non. Refusez le diktat de la perfection, cultivez vos différences et soyez-en fière. Listez les choses que vous ne savez pas faire parfaitement, voyez ce que vous pouvez améliorer. Il y a certainement des choses dans le lot qui, finalement, sont tout à fait bien comme ça.

Ayez des activités rien qu'à vous

S'accorder du temps… Vaste programme. S'autoriser ce qui pourrait s'apparenter à de l'égoïsme pur. Se débarrasser des enfants et du Jean-Jules pour partir en week-end avec les copines. Se prendre une semaine de vacances en solo. Passer trois heures sous la douche, en sortir pour se vautrer sur le canap' et se vernir les orteils. Faire une activité créative qui nous absorbe totalement, où l'on oublie tout le reste. Lire son magazine préféré pendant le petit dej', passer une heure par jour à se faire du bien. C'est beaucoup ? C'est indispensable. Impossible d'être au top sans un temps minimal de retour en soi, d'écoute de ses besoins profonds, ses vraies envies. Trouvez un joli carnet, qui soit votre carnet de tendances à vous. Mettez-y des photos découpées, des extraits d'articles, vos rêves les plus fous, les choses que vous aimeriez faire si vous aviez plus de temps. Ce carnet sera votre base de départ pour cerner ce qui a de l'importance pour vous, ce qui vous fait du bien. Prenez le temps de le feuilleter, de le remplir, d'y revenir pour piocher une idée. C'est votre part de rêve. Arrangez-vous pour que certains des éléments de ce carnet trouve leur place dans votre quotidien.

Faites-vous bichonner le corps

Votre corps, c'est votre temple sacré, votre mine d'or. Prenez-en soin pour qu'il soit toujours votre complice, votre allié : faites-vous masser ! L'idéal ? Une fois par semaine au début. Une fois par mois minimum. Tout le monde (ou presque) aime les massages. Et ce n'est pas un pur hasard. Notre peau est faite pour être touchée, avec ses milliards de récepteurs sensoriels, son immense réseau de nerfs. Se faire masser apaise toutes nos tensions, nous fait prendre conscience de notre enveloppe corporelle, nous rassure, draine nos toxines, nous fait oublier que le reste du monde tourne encore. Un massage nous remet dans une bulle quasi identique à la chaleur du ventre de môman. Et cette régression régénère, donc à terme dynamise. Lorsque le massage dénoue les tensions des épaules, du dos, des jambes, il permet une circulation plus fluide, dégage notre respiration qui se fait plus profonde. Notre énergie n'est plus concentrée dans les tensions que l'on se crée, mais bel et bien disponible pour d'autres choses plus intéressantes.

Si les massages vous semblent trop onéreux pour votre budget, rappelez-vous qu'il vaut parfois mieux zapper deux mois de shopping pour retrouver le chemin qui mène au bien-être.

Vous pouvez aussi faire quelques jours de formation avec une amie, et échanger ensuite des massages toutes les semaines. Nous avons tous en nous les qualités requises pour faire une bonne masseuse, il suffit d'apprendre les gestes ! C'est finalement la solution la moins onéreuse, la plus simple pour se faire bichonner non-stop. Plus d'excuses !

Comment se débarrasser des poux noirs du moral ?

Faisons ensemble la liste des parasites de tête

Le boulot arrive souvent en tête de liste, viennent ensuite les conflits relationnels, avec la famille, parfois les amis, les enfants… La culpabilité, la peur de mal faire, ressasser ce qu'on aurait pu faire ou dire, comment faire le vide, accepter que ce qui est passé appartient au passé et que le futur sera meilleur ?

Savoir décrocher dans sa tête (du boulot, des prises de chou avec Jules, des mômes…)

– Après le boulot, une fois la porte de la maison ouverte, le travail n'a plus sa place.

Pendant votre temps de retour à la maison, pensez à la journée, à vos soucis, vos victoires, ce que vous pourrez dès demain améliorer.

Fermez les yeux, expirez lentement. Visualisez la porte du bureau qui se ferme sur vos collègues et vos dossiers, entassés sur le bureau (oui, vous entassez Duboss, langue de vipère, la photocopieuse et vos gobelets sur le bureau, c'est plus rigolo !). Une fois la porte fermée, concentrez-vous : plus un bruit ne filtre. Vous vous voyez avancer vers un paysage calme et serein, un lieu que vous aimez particulièrement. Vous vous y promenez, sentez le soleil, le vent, les petits bruits familiers et agréables. Cette promenade mentale permet de signifier à votre cerveau qu'il y a une coupure réelle entre deux moments de votre vie. Et après, interdiction d'apporter des dossiers sur le canapé de la maison pour bosser pendant le dernier épisode de Derrick.

Les prises de chou avec J-J ?

Désamorcez la bombe !! Parfois, il faut d'abord passer par les cris, les portes qui claquent et les mots durs pour faire redescendre la pression. Une fois la phase explosive passée, ne vous endormez pas dessus. Ouvrez la porte. Apprenez à écouter les griefs de J-J sans l'interrompre. Demandez-lui de vous écouter. Sachez vous excuser réellement, reconnaître la mauvaise foi et nuancer vos propos. Cette épreuve d'humilité dégonfle souvent les baudruches de colère. Dites-lui aussi combien vous l'aimez. Ça ne veut pas dire s'écraser devant un J-J-tyran, faire la carpette quand il y a des injustices. Mais simplement, la tension est souvent forte à cause d'éléments extérieurs au couple. Les identifier à deux permet de se re-souder. Mais pour ça, il faut rétablir le dialogue. Ouvrir son cœur sans rancœur est un exercice qui demande de l'entraînement, dire ses griefs sans chercher à blesser ni humilier l'autre, ça s'apprend en essayant.

Les mouflets ?

– Quand ils sont petits, apprenez à passer du temps sans eux… et sans culpabiliser ! Vous serez ravie de les retrouver, reposée et détendue.
– N'exigez pas d'eux une chambre au carré, des dents toujours blanches, des médailles sportives et un carnet de notes exemplaire. Cette pression est la vôtre. Elle parle de votre envie de reconnaissance à travers vos enfants. Si vous parvenez à lâcher cet idéal de papier glacé trop formaté pour être vrai, vous serez enfin dans une vraie relation avec eux, les autorisant à être eux-mêmes et vous serez moins tendue.
– Avec les ados ? Effet inverse : ne lâchez rien ! Les limites le font ch…, mais elles le sécurisent.

Si cette pression quasi permanente avec votre adolescent vous pèse, prenez des vacances sans lui, il adorera la colo sans vous et vous votre rando sans un ado qui râle. Si le conflit est intense et joue sur vos nerfs, faites intervenir un médiateur extérieur, qui saura écouter sans juger, rétablir les justes limites, celles que l'on ne voit plus à force de combattre.

Les odeurs qui aident : les huiles essentielles qui calment

Notre sens de l'odorat est directement relié à la partie la plus archaïque de notre cerveau, celle qui lance des réactions de défense quand elle identifie le stress. Respirer une odeur agréable agit directement sur nos émotions. Choisissez un diffuseur électrique d'huiles essentielles, qui vaporise dans l'air de très fines gouttelettes sans chauffer, donc sans dénaturer la qualité des huiles. Dix à vingt minutes suffisent à parfumer une pièce (selon sa taille) et à changer son atmosphère.

La championne toutes catégories est bien entendu la lavande. Mais, pour plus de fun, essayez la mandarine, l'orange, ou le basilic.

Mandarine et orange sont des odeurs fraîches et très apaisantes, comme un jour d'été sous le soleil. Elles rassurent et re-créent un cocon de douceur loin de la fureur, plus proche de l'enfance.

Le basilic est là pour les coups de stress qui donnent mal au crâne, au ventre, nous nouent de partout, bloquent la respiration. Le respirer agit contre les spasmes en tous genres.

Le *Ravensara aromatica* débloque la respiration, il nous emmène en promenade dans des forêts de pins en bord de mer…

Recettes de trempette des pieds pour être cool

Une fois que vous avez vos petites bouteilles magiques d'huiles essentielles, amusez-vous à prendre des bains de pieds. Une bassine d'eau chaude, une poignée de gros sel de mer arrosé d'une dizaine de gouttes de basilic et de lavande, trempez vos pieds un bon quart d'heure, détente garantie ! Attention avec l'orange qui est bien à respirer mais qui irrite la peau si on en met trop ! Le *Ravensara aromatica* fera du même coup rebondir votre système immunitaire, ne vous en privez pas ! Vous pouvez également inventer des mix aromatiques huiles essentielles-plantes séchées. Vos pieds sont des capteurs pour tout le corps, ils diffusent l'information avec autant d'efficacité qu'une tisane ! Mélangez donc de l'huile essentielle de lavande avec de la camomille en fleurs, du tilleul, des algues séchées…

Pensez à éteindre le téléphone, enfermez les enfants dans le salon avec un dessin animé, collez J-J devant son ordinateur (mais a-t-il besoin de vous pour ça ?) et exigez un quart d'heure sans qu'on vous dérange.

Entourez-vous uniquement de gens qui vous trouvent splendide, magnifique, rayonnante

Évidement, parfois, on devrait procéder à un génocide pour ne s'entourer que de personnes idéales pour notre égo…

Mais sachez renoncer aux copines-toxiques, qui sous couvert de vous donner de bons conseils vous dévalorisent, sachez dire non aux amoureux qui vous écrasent en insinuant que vous êtes nulle, que vous n'êtes pas à la hauteur.

Sachez aussi couper les ponts avec ceux de la famille qui n'ont pas compris que vous aviez grandi, que l'image de petite fille qu'ils ont de vous ne correspond plus à la réalité. Ils vous enferment dans de vieux schémas sclérosants et nocifs pour votre self-estime.

Remplacez ces visions qui sentent le poney faisandé par une réunion mensuelle ou hebdomadaire avec des amies. Créez avec elles un cercle de positif, où chacune pourra exprimer ses envies, ses attentes et ses craintes aux autres.

Les amies sont là pour écouter et vous font des remarques constructives, vous encouragent en vous rappelant que vos atouts sont déjà présents pour la réussite de tout ce que vous entreprenez. Cette réunion crée une bulle de positivisme qui ressource, vous donne confiance et énergie. Cela vous donnera aussi d'autres points de vue, des idées pour concrétiser, améliorer vos envies.

De plus, donner des conseils et encourager les autres dopent notre égo, car voir la confiance revenir en sa bonne copine Suzanne, par effet miroir, dope notre confiance à nous.

Exercices pratiques de pensée positive

La pensée positive, c'est simple comme un coup de fil. Le principe ?

À force de répéter consciemment certaines phrases positives, elles passent la barrière et viennent s'incruster dans le subconscient et les couches profondes de votre cerveau sont persuadées elles aussi que vous êtes un être brillant, étincelant même, magique unique et merveilleux.

Nous sommes toutes, à plus ou moins grosse dose, influencées par des schémas inconscients qui brisent la tonic attitude.

Des petites phrases comme : je suis nulle, j'y arriverai jamais, c'est ma sœur la préférée parce qu'elle a toujours été plus belle/plus intelligente, je ne peux pas faire mieux… impriment, loin loin dans notre tête, des schémas d'échec.

Quoi que vous fassiez consciemment pour améliorer une situation, si au fond de vous, vous êtes persuadée que vous ne valez pas le coup, ne méritez pas le bonheur, votre inconscient va s'arranger pour que vos plans foirent. Et venir ainsi confirmer la croyance qui pourrit le fond de votre être comme un slip kangourou pas lavé.

Si vous vous sentez toujours rattrapée par un destin cruel qui vous dépasse, vous malmène, sans pour autant avoir consciemment de mauvaises intentions à votre égard, soyez certaine que quelques croyances bien sadiques se cachent là-dessous. Pour la plupart héritage familial, premier lieu où l'on vous apprend le monde, elles sapent sournoisement vos plans de carrière, votre vie amoureuse, vos amitiés…

Pour en finir avec ça, rien de plus simple !

Commencez par déterminer l'objectif que vous voulez atteindre. Un J-J plus attentif, aimant et qui vous soutient ? Une promo dans le bureau du dessus ? Une carrière free lance ? Un bébé qui tarde à venir ?

Créez une phrase positive, c'est-à-dire sans mot négatif, pas de « ne pas » pas de « échec », pas non plus de « jamais ».

Exemple : plutôt que de dire : « Je ne veux plus jamais avoir un comme jules un connard comme mon ex », on dira : « Je trouve l'homme qui m'aime totalement, pour ce que je suis, je l'aime en retour. »

Il faut toujours parler au présent, car le cerveau comprend mieux votre conviction si elle se passe maintenant, tout de suite. Soyez-en intimement convaincue, répétez votre phrase comme une prière faite à vous-même, à voix haute plusieurs fois par jour et dans votre tête chaque fois que vous pensez au problème qui vous préoccupe. La formule peut vous sembler proche de la magie enfantine, mais le fait est que les enfants ont souvent raison. Ça marche. Pour de vrai. Il suffit de vouloir changer.

Ça peut prendre quelques jours, quelques mois à retomber sur votre vie, concrètement, mais à partir du moment où vous y croyez fermement, les choses se mettent en place pour vous satisfaire. Demandez et vous serez exaucée. Comme avec le Père Noël, le vrai.

Commencez simplement avec cette phrase, le matin : « Je m'aime et la vie m'aime, tout est bien dans mon monde. » S'aimer soi-même est la première étape. Faites de même le soir avant de dormir.

Ce sentiment de gratitude envers la vie et nous-mêmes nous fait commencer la journée dans un état d'esprit bien différent de celui qui peut nous accaparer dès le premier œil ouvert, celui où l'on projette une journée sombre, monotone et où tous les soucis du monde (croit-on) nous guettent au tournant. Et terminer sa journée sur cette phrase nous donne confiance en nous, en nos capacités.

Concrètement, votre cerveau a des connexions de neurones qui sont comme des fleuves, des rivières ou des ruisseaux. Tout dépend de la quantité d'eau (d'informations) que vous faites passer dedans. Si vous utilisez tout le temps le réseau négatif, les ruisseaux de boue morale deviendront un fleuve et chaque information sera traitée de façon réflexe pour passer par ce chemin. Si vous entraînez votre cerveau à passer par le tout petit ruisseau de la positive attitude, le chemin va s'agrandir tellement que vos pensées emprunteront tout naturellement ce chemin-là plutôt que l'autre. Question d'entraînement !

Rien n'est mauvais, rien n'est bon, c'est notre pensée qui crée le malheur ou le bonheur.

C'est l'angle sous lequel on regarde le monde qui nous le rend favorable ou non. En soi, le monde dans lequel nous vivons se contente d'être.

Comment construire et appliquer ses phrases de pensée positive en dix points

Faites des phrases courtes.

Employez le présent.

Employez l'affirmatif.

Formulez la phrase avec des termes positifs, sans négations.

Écrivez-les, de façon à les avoir sous les yeux régulièrement.
Chantez-les aussi, doucement ou fort, expérimentez !
Répétez votre phrase en conscience, et non de façon mécanique.
Prenez cinq minutes, trois fois par jour, pour vous concentrer et répéter votre phrase.
N'espérez pas que ça marche, soyez-en convaincue !
Quand on pense positif, on attire du positif à soi !

Tenter la méditation

Sans pour autant se raser le crâne et porter un rideau orange plissé pour aller au boulot, le stress se canalise simplement. Avec cet exercice par exemple !
Fermez les yeux (restriction indispensable : si vous conduisez et que le stress vous envahit après une queue de poisson goujatière, ne faites pas cet exercice, hurlez simplement un chapelet d'insultes pourries au conducteur indélicat, ça suffira).
Donnez à votre stress une couleur. Voyez la couleur vous envahir tout le corps, à chaque inspiration. D'abord les jambes, puis le ventre, la poitrine et les bras, pour finir par la tête.
Quand vous sentez que tous les recoins du corps sont envahis, faites sortir la couleur à chaque expiration. De la tête jusqu'aux jambes, expirez puissamment.
Une fois « vidée » de la couleur de votre stress, faites bien le tour de votre intérieur, pour être sûre qu'il ne s'en cache pas un peu dans les coins.
Visualisez une couleur qui vous apaise.
Même exercice que précédemment, sauf que, là, c'est la couleur de la zénitude qui rentre dans tous les coins de votre corps, au rythme de votre respiration.

Une fois bien remplie, faites trois respirations lentes et ouvrez les yeux.
Vous êtes TOTALEMENT cool !

« Vider son sac » quand il est trop lourd

Pour tous les tracas quotidiens, on a souvent quelqu'un à qui parler : Jean-Jules, Môman, Pôpa, frangin, frangine ou ami(e). Mais si copine Sylvie n'en peut plus de vous entendre répéter trois fois par semaine la même histoire, si vous avez des émotions qui vous travaillent, ou qui vous semblent inavouables à votre entourage, si vous ressentez du mal-être sans en connaître la raison, si vous sentez que vous n'avez pas « digéré » quelque chose de votre passé… allez poser votre sac à dos chez un thérapeute. La parole exprimée en toute liberté à quelqu'un de bienveillant, qui ne vous juge pas, soulage énormément le moral. C'est un travail qui peut se prolonger au-delà de quelques séances pour vous accompagner vers une découverte de vous-même, ou simplement vous aider à passer le cap.
Sachez, lorsque vous traversez une période de mou au moral, vous adresser à quelqu'un d'extérieur à votre vie pour lui exprimer vos doutes, mal-être, questionnements, tristesse… Ensuite, tout est une histoire de feeling entre personnes, vous pouvez tout aussi bien aller chez le psy que chez un sophrologue-relaxologue. Ou chez le rebouteux de la campagne chez mamie. Le tout étant de se sentir écoutée et comprise. Rassurée aussi.
Toute une vie sans aucune phase critique, avouez que c'est plutôt rare.
Même dans les contes de fées, avant d'épouser la princesse, il y a tout plein d'épreuves pour le héros.

Le héros du conte, c'est vous (même si ces gros machos de scribouilleurs de contes ont taillé des héros principalement masculins), et pour trouver votre princesse, vous devez tuer le dragon qui est en réalité bien plus souvent qu'on ne le pense… en nous !

Rien ne vous oblige à vivre dans l'isolement le plus total ces combats mythiques et intimes.

Il y a toujours une bonne fée, un lutin ou un vieux sage pour aider le héros et lui donner l'arme pour gagner.

Trouvez votre lutin, vieux sage, bonne fée, allez lui parler de vos soucis.

L'attention que vous recevrez vous guidera vers votre baguette magique ou vos trois souhaits !

Dernière chose et pas des moindres : les petites choses sont aussi bien que les grandes !

En lisant ce guide pratique, vous allez embrasser énormément de possibilités, découvrir de nouvelles façons de vous faire du bien. Pas la peine de vous coller sur l'échine une dose de stress en plus en voulant tout faire, tout de suite, tout bien.

Les objectifs trop gros sont difficiles à atteindre. Par exemple, être parfaite, on aimerait bien avoir un manuel pour ça. Mais comme l'idée de pouvoir tout contrôler pour atteindre la perfection est illusoire (parfait pour qui, par rapport à quoi ?), les grands objectifs sont faits de petites étapes.

Se faire un planning d'enfer avec un million de bonnes résolutions, ça va marcher, mais pas longtemps. La dose surhumaine d'énergie que vous devrez mettre en œuvre pour accomplir toutes ces nouveautés finira par vous laisser hagarde, éparpillée et insatisfaite ! Commencez par ce qui vous fait envie, vous semble raisonnablement réalisable. Si vous ne mangez quasi jamais de produits frais, commencez par un smoothie tous les matins (voir recette dans le chapitre sur le sommeil page 132). Si vous êtes en léthargie sportive depuis 10 ans, reprenez en douceur en faisant un peu de vélo tous les jours, sur des petites distances.

Un petit pas agréable vers le mieux être en entraînera un autre, vous augmenterez l'estime que vous avez de vous car vous arriverez à être régulière et bientôt, le regain d'énergie qui découlera de cette pratique toute simple vous donnera envie d'en ajouter une seconde. Puis une troisième.

Dix bonnes raisons d'adopter le mental-power-positive-staïle tout de suite

1. Le positive-staïle-pouvoir-du-mental donne bonne mine.

Et les fesses roses.

2. Vous allez tellement rayonner autour de vous des ondes positives que vous contaminerez les plus grincheux de votre entourage, qui finiront donc par devenir charmants avec vous.

3. Avec la pensée positive, vous ne vous direz plus : « Merde y'a plus de café », mais : « La vie m'apporte la joie d'une nouvelle expérience avec la caissière de chez miniprix. »

4. Vous ne direz plus non plus : « Jean-Jules m'a quittée, suis trop triste, je vais finir le pot de glace avec des meringues », mais : « J'ai la joie d'être libre pour épouser George Clooney, je vais donc à la piscine demain pour entretenir mon corps de rêve. »

5. Vous verrez vos vieilles fringues au fond du placard comme autant de possibilités de porter du vintage/customisé/bobo-créatif à mort, plutôt que comme un aveu d'un compte en banque trop sec pour faire les soldes.

6. Au boulot, on ne va pas mettre trois jours à penser que vous êtes amoureuse (rapport à la bonne mine, aux « nouvelles » fringues et à la petite chanson que vous sifflotez parfois en pensant au mail envoyé à G. Clooney) et à s'intéresser à vous.

7. Pratiquer le positive-staïle permet de prendre du recul.

8. Ça aide aussi à se dire que le meilleur est à venir, pourvu qu'on le souhaite vraiment.

9. On n'attire pas des koalas avec des épinards (proverbe néo-babylonien qui signifie : « on ne fait pas venir la joie dans sa maison avec de la soupe à la grimace… enfin, aux épinards… » bref, vous voyez le truc quoi !).

10. Ce n'est pas en envoyant des fions de poule dans ton jardin que tu récolteras des pétales de rose (proverbe de tatie Josette, qui veut bien dire ce que ça veut dire. Si vous comprenez pas, écrivez au bureau des paresseuses qui transmettra).

8

Comment tonifier mon environnement

Qui dit « environnement » dit « ménage » les filles !

Notre lieu d'habitation est une base indispensable à une belle vie, équilibrée et harmonieuse. La protection qu'il induit est comme un prolongement de notre corps, une seconde peau nous mettant à l'abri des intrusions extérieures, comme notre épiderme avec les bactéries. Il est donc important, une fois le ménage fait dans notre corps, de se pencher sur la maison.

Où sont les fausseurs d'équilibre ? Qu'y a-t-il dans mon environnement dont je pourrais me passer pour être plus écolo, plus apaisée ou en meilleure santé ? Qu'est-ce que je favorise pour atteindre le nirvana dans ma cuisine ?

Faites le point de la situation : le test

Je fais le ménage

A. Un peu tous les jours, je suis une flippée de la bergerie sous le lit.

B. Une fois par mois, la vie est trop courte pour passer son temps à briquer !

C. Quand je peux, mais je ne peux pas souvent…

Chez moi, ça ressemble à

A. La villa des rêves de Barbie : tout est rose, brillant et plastifié.

B. Une bibliothèque-ludothèque-centre aéré : des livres, des crayons de couleur, de la pâte à modeler et des trucs bidouillés de partout.

C. À la Ferme Célébrités, sans les célébrités, avec plus de moutons et un élevage intensif d'acariens.

Mon but dans la vie :

A. Être la femme la plus performante possible dans tous les domaines : au boulot, à la maison, en amour…

B. M'épanouir à mon rythme, découvrir et apprendre de nouvelles choses tout le temps.

C. Faut-il vraiment avoir un but dans sa vie ?

Mon plat préféré :

A. Tranches de foie gras rôti aux figues sur carpaccio de pain d'épices sauce champagne.

B. Un sauté de tofu au gingembre et lait de coco, ail et épices du monde.

C. Des hamburgers du rayon surgelé, rapides, pratiques et vaguement comestibles.

Vos couleurs favorites :

A. Le blanc, l'argenté et le parme.

B. Le bleu nuit, le rouge velours cramoisi et le gris souris.

C. Le jaune fluo, vert acide et orange années seventie's.

Les matières qui définiraient votre intérieur :

A. La soie et le cachemire.

B. Le lin et le voile de coton.

C. L'acrylique et le polyamide.

Maximum de A

Dans votre quête de l'harmonie parfaite, votre intérieur n'échappe pas à la règle. Tout doit aller ensemble, et vous avez besoin de votre cocon pour vous sentir bien. Lieu apaisant où vous pouvez contrôler ce qui se passe, loin du chaos du monde extérieur, vous vous re-créez un monde idéal.

Dans ce chapitre, vous allez voir comment identifier au mieux les ennemis cachés qui peuvent troubler la paix de votre *sweet home*. Vous pourrez ensuite, rassurée, laisser un peu de mou dans la cadence ménagère pour avoir du temps pour vous.

Maximum de B

Plutôt relax et créative, vous qui cherchez toujours à enrichir votre savoir sur le monde qui vous entoure, vous trouverez dans ce chapitre les astuces maison pour faire de votre temple de la connaissance une caverne du bien-être !

Maximum de C

Plutôt pragmatique, pour vous, une maison sert surtout à... ne pas dormir dehors. Pour le côté cosy, on repassera. Découvrez comme les matières, notre sens du toucher influe sur le bien-être, le moral et par extension notre santé. Laissez-vous tenter par une approche de la maison douillette et sensorielle, vous allez aimer vous occuper de votre chez-vous après ce chapitre !

Ma maison, c'est mon cocon : comment je la bichonne ?

Il y a des fois où on a envie de bien faire, d'avoir une maison idéalement agréable et facile à vivre. Le seul hic, c'est que l'accumulation est sournoise. Au fil des ans, beaucoup d'objets entrent chez nous, très peu en sortent. Or, même si l'esthétique zen n'est pas nécessairement le but ultime à atteindre (ça peut être aussi l'angoisse de vivre dans une boîte immaculée avec juste un bambou pour compagnie), un peu plus d'espace, d'air et de lumière n'ont jamais fait de mal à personne !

Mais par quoi on commence ? L'ampleur de la tâche paraît souvent monstrueuse, on procrastine à mort, étouffant doucement sous le tas de trucs à virer. Et puis un beau jour, le monstre d'énergie se réveille en nous, avec une monumentale envie de neuf. Ce jour-là, le chien se planque derrière le frigo, car il sent bien que rien ne va vous arrêter dans le délire « tornade blanche, appelez-moi la Calamity Jane du grand ménage de printemps ». Souvent, cette belle énergie dure au mieux une journée, le temps de retourner la casa, de remuer les vieilleries et de se retrouver, exténuée, avec l'impression qu'il y a trois fois plus de souk que quelques heures avant.

Pour éviter ça, procédez en douceur.

De la légèreté

Avant de tout lessiver, de repeindre du sol au plafond et de planquer vos vieilleries sous des bâches, prenez le temps de faire du tri. Une journée par pièce. Oui, même pour la salle de bains.

Dans chaque pièce de la maison, vous trouverez des vieux objets inutiles, des trucs en double voire en triple, là où un seul suffirait. Certes, avoir plusieurs couverts dans la cuisine est utile, mais les 15 limes à ongles ratatinées de la salle de bains ?

Pratiquez cette politique du tri par le nombre dans toutes les pièces, ça vous facilitera grandement la tâche :

– Dans la cuisine, videz les placards, exterminez les vieux pots de trucs jamais ouverts parce que ayant des goûts suspects (qui n'a jamais reçu en cadeau d'une tante affectueuse un pot de confiture goût ortie-mirabelle, alors que vous adorez la fraise et que vous ne voulez surtout pas en changer ?), les assiettes ébréchées, les verres fêlés, les couverts ternes, les nappes aux taches irrécupérables… N'hésitez pas à envoyer valser les vieux plats que vous trouvez plutôt moches. En les donnant, vous ferez des heureux, tous les goûts sont dans la nature ! Vous allez vous retrouver avec de la place dans les tiroirs !

– Dans la chambre, le placard de vêtements peut prendre du temps, mais soyez sans pitié avec les choses informes (sauf votre pull doudou préféré dans lequel vous vous blottissez en cas de coup de mou !), tachées et pas portées depuis deux ans. Sans être trop draconienne, ça devrait déjà alléger l'espace. Les draps n'échappent pas au tri, usés, tachés, avec des dauphins élimés qui sautent devant un coucher de soleil aux couleurs fadasses : pas de pitié ! Mieux vaut deux jeux de linge de lit de belle qualité, avec des couleurs sobres et apaisantes que 15 taies et housses dépareillées, qui donnent tout sauf un sentiment de sérénité au moment d'aller se glisser sous la couette.

Amatrice de fanfreluches sur la coiffeuse ou au-dessus de la commode : essayez pour voir de ranger dans des boîtes les

36 vernis à ongles, ne gardez de visible que les très beaux objets, flacons de parfum, bougies… Aérer l'espace pour vos yeux libère votre esprit aussi sûrement qu'une séance de méditation !

– Et partout pareil : dans chaque recoin, traquez vieilleries inutiles et objets encombrants, un par un. Réparez ce qui doit l'être depuis déjà trop longtemps si vous en avez l'utilité, et donnez le reste (les compagnons d'Emmaüs font ça très bien : vous leur donnez ce dont vous ne voulez plus, ils le revendent pas cher à d'autres qui adorent ce que vous abhorrez, le tout au profit de la fondation de l'abbé Pierre, une bonne action, bon débarras, qui dit mieux ?). Cette épuration peut prendre du temps, mais une fois les tiroirs rangés, les penderies rendues spacieuses et les placards qui ne débordent plus, vous allez apprécier l'espace. Même dans un lieu *a priori* trop petit. Ce n'est pas la place qui manque, c'est le bazar qui grignote l'espace.

Si vous avez besoin d'une grosse dose de motivation et de réflexion avant d'agir, lisez donc le *Home sweet home des paresseuses*, hyper bien gaulé sur les questions rangement de maison.

De l'espace : je repense l'agencement de mon intérieur

Un fois le tri effectué, vous verrez que vous aurez certainement des meubles en trop, des bibliothèques un peu plus vides… Profitez-en pour re-penser l'agencement des meubles : pouvez-vous intégrer des placards invisibles ?

Comme un mur, une porte invisible qui se fond totalement dans l'espace, sauf qu'il y tout le mini-foutoir derrière !

Moins on voit les rangements, mieux c'est. Cela augmente considérablement la sensation de liberté, de respirer un air sain… Le regard ne s'arrête pas constamment sur les placards qui vomissent des piles de tee-shirts mal pliés. Sur les commodes aux tiroirs qui ferment mal pour cause de surpopulation de jeans inutiles…

– Ensuite, n'obstruez jamais les « voies de circulation » dans la maison : pas de table basse en plein milieu du passage, d'armoire derrière une porte qui du coup s'ouvre à moitié. Les Chinois disent que ça empêche la circulation du Qi l'énergie vitale qui doit circuler de façon fluide dans la maison.

– Profitez des vacances en dehors de chez vous pour poser un œil neuf sur votre intérieur : la force de l'habitude fait que l'on s'adapte à son intérieur, on finit par ne plus se rendre compte des entraves quotidiennes. Alors qu'après une semaine de vacances, l'accoutumance a disparu, faisant place à une plus grande lucidité : est-ce que cette collection gigantesque de masques souvenirs des Dogons du Mali est vraiment indispensable à mon bien-être ?

– Après avoir vidé les placards des choses inutiles, on s'attaque à la déco !

Faites des test, en commençant par mettre dans un carton tout ce qui décore et encombre par la même occasion votre nichoir : comment c'est une fois vidé ? Mieux ? Effrayant ? Apaisant ? Au cas où le vide vous effraie, sortez juste un bibelot ayant une vraie valeur affective et esthétique du carton. N'est-il pas mieux mis en valeur ? Laissez reposer une bonne semaine votre carton de bibelots dans un coin, si vous vous accoutumez sans souci, c'est que vous n'en avez plus du tout besoin. Dehors !

De la vitalité

On arrive donc à l'étape où, loin d'avoir un intérieur de temple zen, vous avez simplement un lieu de vie reposant, avec quelques belles choses mises en valeur par le nouvel espace acquis à coup de tri drastique. Si vous avez l'impression de vivre dans un appartement témoin de magasin de meubles suédois, c'est qu'il y a un autre paramètre à prendre en compte : vitaminer son intérieur !

Première étape : déterminer l'influence des couleurs sur notre humeur. Là, tout est question de feeling, munissez-vous d'un nuancier et classez par ordre de préférence les trois couleurs qui vous apaisent, les trois qui vous stimulent.

Habituellement, on considère que la gamme des bleus est plutôt calmante, ainsi que le vert.

Mais tout dépend de la nuance choisie, car un bleu électrique peut vous remonter le moral ou vous agresser le regard, un vert kaki trop sombre vous faire exploser le coefficient mauvaise humeur. Le bleu et le vert appellent des images naturelles : la mer, le ciel, la forêt et donc par effet d'association mentale un univers calmant, en phase avec un retour aux sources. Une salle de bains verte, une chambre bleue… ou l'inverse !

Le jaune et l'orange auraient pour qualité de dynamiser le travail de l'esprit, la concentration, la bonne humeur. Elles sont associées au rayonnement du soleil, à la couleur de certaines fleurs et fruits… On l'utilise plus volontiers dans les lieux où l'on va bosser, mais tout dépend de votre activité : besoin d'une ambiance plutôt calme (prof de yoga ? esthéticienne ?) ou dynamisante (commerciale ? prof ?). Si le coin bureau de la maison sert uniquement à gérer les paperasses et pas à traiter les dossiers du boulot, je suggère du bleu, pour éviter de crier sur la personne du standard qui n'y est pour rien, si votre annulation de contrat n'a pas été prise en compte.

Cela dit, si vous aimez piquer des crises, privilégiez le rouge sang un peu partout dans la maison. Dans le salon-salle à manger : engueulade en famille. Dans la chambre : crise conjugale et insomnie. Dans la chambre de Lili-Couette : cauchemars en série et énervement.

Pour apaiser la corrida interne et bénéficier de l'effet stimulant du rouge, on y ajoutera une petite touche de bleu ou de rose : en tirant sur le violet ou sur le fuchsia, on atténue l'effet baffe dans la figure d'un rouge trop franc.

Quand au rose, couleur girly par excellence, à moins d'avoir toujours rêvé de vivre dans le palace de Barbie, on l'utilise pour donner du caractère à un lieu avec des éléments de déco : un canapé, un abat-jour, un tapis... C'est la couleur du cœur, de la douceur et de la bonté, un peu enfantin (selon les nuances), toujours pourvoyeur de bonne humeur. À grosse dose, c'est écœurant comme une overdose de cupcakes, faites attention à l'indigestion !

Cousin du rose, le violet est censé être l'apanage de la spiritualité, des hommes de foi haut placés et des magiciens. Savant mélange de la force du rouge et du calme du bleu, il peut se révéler idéal dans une chambre, histoire de combiner gaudriole torride et repos spirituel bien mérité.

Certaines facétieuses vous diront que c'est pas mal pour méditer au petit coin, à vous de voir !

De l'audace dans les mélanges :

Une peinture chocolat-blanc cassé, associée à quelques touches fluo pour le peps' : n'ayez pas peur de tester des formules détonantes ! Le marron foncé, le noir, peuvent se révéler très apaisants, créant une ambiance cosy et feutrée de bibliothèque anglaise.

Déterminez donc ce dont vous avez le plus besoin dans votre intérieur :

Votre boulot est prenant ? Vous adorerez certainement rentrer dans un cocon à l'allure de vacances au grand large : du blanc, du bois, du vert pâle et peut-être du bleu.

Vous travaillez de chez vous ? Un coin gris souris agrémenté de quelques touches de rouge ou de jaune pour dynamiser le coin bureau.

Votre maison est un refuge de poésie contre le monde extérieur ? Quelques murs sombres ça et là accompagnés d'une lumière tamisée pour créer votre coin détente et rêverie, c'est parfait !

Se protéger des nuisances

La pollution électromagnétique

Pour comprendre ce qu'est la pollution électromagnétique, il faut tout d'abord savoir que nous avons toujours vécu au contact de champs électromagnétiques : cette onde est la combinaison d'ondes électrique et d'ondes magnétiques, que produit naturellement le champ magnétique terrestre.

Mais depuis quelques dizaines d'années, les avancées technologiques ont accru notre exposition à de nouveaux champs produits par entre autres, les antennes relais et les téléphones portables. On estime que la présence d'ondes a été multipliée par un milliard depuis les années 1980. Ce qui, nom d'un pâté de dinde radioactif, est quand même beaucoup.

Il est de plus en plus courant d'entendre parler de gens dits « éléctro-sensibles » qui réagissent violemment à la présence, normalement imperceptible, d'ondes dans leur environnement : maux de tête, vertiges, fatigue, nausées, fourmillements, troubles de la concentration, arythmies…

L'éléctrosensibilité est scientifiquement difficile à prouver pour une raison très simple : on ne peut pas s'isoler totalement des ondes pour mesurer leur impact. Ainsi, après un passage aux urgences et une batterie de tests médicaux qui ne signalent aucune anomalie physique, on vous fait gentiment rentrer à la maison (en vous conseillant d'aller voir un psychiatre et de prendre des petites pilules roses).

La seule solution pour les personnes atteintes de ce mal : se mettre au vert, élever des yaks sur l'Altiplano ou des lamas dans le Vercors, loin de toute antenne relais (l'auteur décline toute responsabilité si les lamas n'aiment pas le Vercors). Plus sérieusement, il existe désormais des lieux-dits : « zone blanche » où peuvent vivre les personnes atteintes d'éléctrosensibilité. Ces endroits sont loins de toute pollution éléctromagnétique.

Pour ne pas en arriver là, essayez de limiter cette pollution invisible dans votre cocon : les fours à micro-ondes, écrans de télé, prises de courant, téléphones portables et leurs antennes relais, micro-ordinateurs, postes de radio, plaques à induction, lignes à haute tension sont tous de généreux pourvoyeurs d'ondes électromagnétiques.

Comment je me protège ?

De mon téléphone portable

– Pour commencer, vérifiez le DAS (Débit d'Absorption Spécifique) de votre téléphone portable : sur le site www.guerir.org, dans la rubrique « grands dossiers : téléphones portables », vous trouverez un petit moteur de recherche vous permettant de voir si votre modèle est un propagateur d'ondes fortement absorbées par le corps. Si c'est le cas, changez-en sans état d'âme ! À plus forte raison si vous l'utilisez beaucoup en voiture : l'habitacle multiplie par quatre les émissions qui vous reviennent dans le cerveau par un effet boomerang-pervers. Protégez également les enfants et leur jeune cerveau fragile en vous abstenant de passer vos coups de fil au volant lorsqu'ils sont passagers.
– Ne dormez pas avec votre portable proche de vous, éteignez-le et tenez-le à distance pendant la nuit, certains téléphones émettent toujours, même éteints !
– Limitez au maximum les longues conversations, si vous commencez à avoir l'oreille qui chauffe et un peu mal au crâne, arrêtez immédiatement (et donnez plutôt rendez-vous à votre interlocuteur en face-à-face puisque vous avez tant de choses à vous dire ! Plus facile à dire qu'à faire, je sais…)

De mon PC

– On trouve de petits oscillateurs magnétiques de compensation, qui sont destinés à nous protéger pendant que l'on travaille devant son ordi. Cela ressemble à un petit boîtier en longueur, à coller directement sur la bête, on en trouve également pour les écrans de télé LCD et les téléphones portables.

– On utilise un tissu protecteur, développé au départ pour protéger le matériel hospitalier électronique, pour envelopper sa borne Wi-fi et limiter ainsi la propagation d'ondes néfastes dans la maison lorsqu'on ne se sert pas d'Internet. Son efficacité est tellement redoutable que l'on ne capte pas toujours le Wi-fi si on laisse le tissu en place ! Ce tissu contient des fils de cuivre et d'argent qui créent une « cage » de protection autour de l'objet qui nous pollue. Ce qui permet également de se fabriquer un joli baldaquin de princesse pour dormir à l'abri si l'on habite pas loin d'antennes relais… Solution un peu chère mais néanmoins efficace lorsque l'on est trop réceptif aux ondes.

– On peut aussi opter pour une solution naturelle, façon mini jardin mexicain directement sur le bureau, avec quelques petits cactus, qui pourraient avoir une action sur les ondes… Comme nous sommes sur un terrain non scientifiquement prouvé, reste à chacune de faire des tests maison pour voir comment la présence d'un cactus sur le bureau améliore son état ! Au pire, vous aurez juste un petit coin de nature sur le bureau, c'est déjà pas si mal !

N'oubliez pas d'éteindre votre ordinateur avant de dormir, de débrancher le chargeur si c'est un portable.

Prendre une douche d'eau fraîche si on travaille plusieurs heures de suite sur son ordinateur a semble-t-il des effets dépolluants, au point que certaines sociétés ont installé des douches pour leurs employés. Ça marche comme une prise de terre pour les appareils électriques, l'eau rééquilibre notre potentiel en nous « branchant » à la terre, nous permettant d'évacuer par ce biais la pollution éléctromagnétique. Alors, comme on n'a pas de douche au travail, à moins d'être athlète, on se contente de se passer régulièrement les mains sous l'eau fraîche pendant quelques minutes.

En cas de doute sur votre électro-sensibilité, vous pouvez aussi opter pour une jolie casquette de protection, un chapeau, un bonnet péruvien fait en mailles spécifiques et vous balader une journée avec pour voir la différence… Pas glam', mais aux grands maux les grands chapeaux. Il y a des tas de sites Internet qui vendent des chemises, sous-vêtements… spécial électro-sensibles, mais ce n'est pas aussi fourni que les rayons chez H&M, vous serez prévenues.

Des polluants dans la maison

Avant d'acheter, mieux vaut regarder deux fois les étiquettes, car avec de la peinture toute neuve et des meubles impeccables, on ne dirait pas que l'on est en train de respirer un air saturé de microparticules. Nos maisons sont parfois plus polluées que l'air extérieur en ville aux heures de pointe ! Quand sonnera l'heure de la rénovation du sol au plafond, gardez l'œil ouvert sur ce qui se trouve sous le joli plaquage en chêne ou le bleu lagon satiné !

Les murs et les sols qui polluent

Dans la catégorie suspects planqués on trouve : du formaldéhyde, acétaldéhyde, styrène et toluène dans les mousses d'isolation, les papiers peints et colles allant avec parquets contre-collés, moquette… La vraie solution ?

– on isole sa maison avec des matériaux naturels : chanvre, chaux, liège, feutre de bois et laine.

– on choisit une peinture sans métaux lourds ni composés organiques volatils (COV) ou solvants, avec un label écologique. Ou alors, on opte pour le total bio avec une peinture à la chaux et des pigments naturels. Ne croyez pas qu'avec des pigments vous arriverez juste à transformer votre salon en hacienda style parc d'attractions de seconde zone, aux couleurs criardes et sans finesse. Avec un peu de mélanges, on arrive à de belles nuances très subtiles, douces et poudrées à souhait.

– on ne néglige pas les sols en choisissant du parquet en bois massif si on veut y mettre les moyens, du vrai linoléum (à base de lin), du jonc de mer, du coco ou du sisal pour un effet tropiques, jute ou bambou. Et, si vous voulez de la moquette de princesse moelleuse sous les petons, vérifiez que celle que vous choisissez a un éco-label (de type Gut. Oui, vous allez avoir l'air malin chez brico-merlin, à demander de la moquette Gut !).

Les meubles

Le pire achat ? Les meubles en aggloméré, dont les résines synthétiques qui servent à lier les copeaux de bois saturent l'air de formaldéhyde durant plusieurs mois après l'achat. Ce qui n'est pas un drame si c'est juste la mini-table basse du salon, mais commence à devenir préoccupant si ce sont toutes les bibliothèques du salon… La solution est simple : on opte pour du bois massif, de l'ancien, de la récup', des meubles d'occasion. On fait la peinture soi-même avec des peintures écologiques… Que de l'écolo-chic en somme !

Le formaldéhyde ou formol, pourquoi on dit non non non ?

Classé comme substance cancérigène, il est interdit en France depuis 2007 dans les produits pharmaceutiques ayant une autorisation de mise sur le marché. Cela concerne donc principalement les médicaments, naturels ou non, les pesticides, herbicides et tout support de culture. Soyez donc vigilantes, on peut trouver du formaldéhyde ailleurs !

Utilisé pour conserver et désinfecter, il est mélangé à d'autres composés pour faire des résines. Pistez les matières agglomérées, contreplaquées, les tapis et mousses synthétiques, grand pourvoyeurs d'indésirables dans notre air pur !

Les produits d'entretien

Sans le savoir, on joue au petit chimiste à la maison les jours de grand ménage. Chlore, formaldéhyde, polyéthylène glycol et paraffine se baladent dans nos flacons, qui pourtant évoquent tout sauf un ramassis de cochonneries : parfum brise marine, sieste d'été à la campagne… Il ne faudrait pas non plus nous prendre pour des quiches aux bigorneaux ! Avec ces produits bourrés de molécules allergisantes et chimiques pour que ça sente « bon le propre », on a la garantie d'avoir plein de composés organiques volatils qui se promènent dans l'air plusieurs heures après le ménage.

Ne vous fiez pas non plus nécessairement au label écologique européen, ni à la norme NF : sont autorisés dedans les parfums de synthèse, les colorants et les molécules synthétiques.

La vraie solution : si vous ne voulez pas récurer la maison au vinaigre (efficace, mais vive l'odeur !), procurez-vous des produits d'entretien labellisés Nature et Progrès ou Ecocert, aux normes beaucoup plus drastiques sur les composantes du produit, son caractère biodégradable, son emballage…

Sinon, restent toujours les trucs de grand-mère très efficaces : jus de citron, alcool végétal, bicarbonate de soude, vinaigre blanc et savon ! Couplez cela avec quelques gouttes d'huile essentielle de tea-tree pour bien désinfecter ou d'huile essentielle de citron pour la bonne odeur, et en avant frotte ! Autre avantage non négligeable : tous les produits cités sont nettement moins chers que le moindre lavant sol senteur sapin des Landes…

Les parfums d'ambiance/désodorisants

On prend les mêmes et on recommence la liste noire pour que ça sente bon : benzène, formaldéhyde, muscs artificiels et phtalates, toluène et paradichlorobenzène (essayez un jour de prononcer ça si vous avez le nez bouché pour rire !) se promènent en toute impunité dans les « air pur senteur lotus himalayen ». Comme le reste, on les respire, donc on les stocke quelque part dans un coin, parce que notre corps ne sait pas quoi en faire, de ce cocktail douteux de produits inconnus au bataillon d'un corps sain dans un esprit alerte.

Pas question de se passer d'un petit pschitt dans le petit coin, au risque de transformer la vie de famille en enfer de l'odeur ? Un spray maison devrait faire l'affaire : dans un flacon-spray (pas besoin des pschitts ultra sophistiqués qui font une toute petite brume, un simple flacon genre psschit à huile d'olive, récupéré et lavé fait l'affaire), mettez un tiers d'alcool végétal blanc, le reste d'eau et 5 gouttes d'une huile essentielle qui couvre bien les odeurs : pin sylvestre, sapin baumier qui sont tous deux des antiseptiques respiratoires…

Pour le reste de la maison, les sprays, ça marche aussi, et bien entendu, le diffuseur d'huiles essentielles, qui, si vous en choisissez un suffisamment silencieux, pourra parfumer longtemps et écologiquement de mille suaves senteurs naturelles toutes les pièces.

Les textiles

Un incriminé de première ligne : les azurants optiques, qui servent à donner au linge une blancheur ultra bright style sourire hollywoodien. Pas du tout biodégradables pour deux euros, toxiques pour les petits poissons, on n'aime pas du tout. Ensuite, les colorants des textiles, qui rendent malades ceux qui passent leurs journées à teinter vos draps pour colorer vos nuits. Et enfin, la culture du coton, pas du tout écologique et dévastatrice des ressources en eau. La solution est toute simple : en renouvelant votre trousseau, jeune fille, pensez coton biologique, teintures végétales et label commerce équitable, à peine plus chers désormais que le coton classique… De quoi éviter de cauchemarder sur les conséquences de nos achats.

Quelles plantes je demande chez Jarditruc pour décorer et dépolluer mon cocon ?

Si, maintenant que vous avez lu la liste de tout ce qui se pavane sous votre nez en toute impunité, vous flippez, vous avez envie de tout mettre à la poubelle, tout de suite, pour échapper à la cohorte de cancers qui ricanent sournoisement dans leurs emballages même pas éco-conçus, pas de panique. Avant de vous retrouver sans draps, sans rien pour laver la maison, qui de toutes façons est vide puisque vous avez jeté les meubles sur le trottoir, faites plutôt un ajout à valeur écologique tout simple : un peu de verdure, ça adoucit les mœurs et en plus, ça nettoie l'air !

Le tout étant de s'entraîner à dire « chlorophytum », nom de la plante miracle qui nettoie l'air du toluène et du monoxyde de carbone en 72 heures chrono. Trop sympa, elle absorbe ce qui nous gène et le transforme en air pur. Ses copines le caoutchouc (*Ficus elastica*) et *Ficus benjamina* se chargent du formaldéhyde, l'anthurium dépollue l'ammoniac et le dracanéa, le benzène et le xylène. Avec ces cinq surdouées du nettoyage, maintenant, chez vous, ça ressemble à la jungle, sans les mygales.

Quelques idées déco

Gardez le papier peint à motif floral psychédélique pour une petite partie de la maison : toilettes, entrée, couloir et dégagez l'espace visuel des pièces où vous passez le plus de temps : chambre, cuisine, salon. Choisissez des couleurs harmonieuses, et évitez d'en mettre plus de trois à la fois. De préférence en camaïeu ou en complémentaires.

Pour accentuer l'impression d'espace dans les lieux sombres et exigus, on ajoute des grands miroirs sur le mur le moins lumineux, histoire de donner un peu de profondeur à la pièce. *Idem* si on a une cuisine qui tient plus du couloir que du loft : un miroir entre le plan de travail et les placards, ça donne tout de suite une nouvelle respiration au lieu.

Chinez votre vaisselle pour trouver des objets qui ne ressemblent qu'à vous. Des bols faits à la main dégagent une sensualité différente d'un bol en série (suédois). Ce sont aussi les irrégularités qui créent un environnement à notre mesure.

Disposez des lumières d'ambiance avec des lampes douces, des abat-jours en papier, pour diffuser encore plus de douceur, créer des « coins-cocons » un peu partout. La façon dont est dispensée la lumière compte énormément pour notre petit corps.

Un éclairage bon pour notre santé : la luminothérapie

Quand il commence à faire gris, froid, nuit très tôt comme par hasard, le moral suit, pour entamer une courbe qui va plutôt dans le sens de la descente. Si vous n'avez plus envie de sortir de la maison, ni de la couette, ni du pyjama, une libido dans les choux, des pulsions vers la nourriture, sucrée ou très calorique, des problèmes à trouver ou à sortir du sommeil, vous souffrez peut-être de dépression saisonnière. C'est ce que l'on nomme le TAS : Trouble Affectif Saisonnier.

La lumière, qui joue un rôle primordial dans l'équilibre de nos chères hormones, fait défaut. À partir de là, un dérèglement en cascade survient : vous dormez moins bien, ou alors vous vous réveillez avec l'impression de n'avoir pas récupéré. Vous n'avez pas envie d'entreprendre ou d'aller de l'avant, car vous vous sentez trop fatiguée pour cela, et l'abus de nourriture vous fait prendre du poids.

Tableau assez peu réjouissant, mais après s'être assurée avec un check-up de santé que ces troubles ne cachent rien de plus ennuyeux, vous pouvez vous remettre sur pied en… allumant la lumière !

Choisissez une ampoule ou une lampe de luminothérapie pour prendre un bain de lux (l'unité de mesure de l'éclairement par surface) chaque matin.

Même en ayant pas tout à fait le moral à zéro, le bain de lumière stimulera votre système immunitaire, votre capacité de concentration au cours de la journée en faisant doucement augmenter votre taux de sérotonine, hormone du bien-être par excellence. Injustice de genre ou manque d'études sur le sujet, il semblerait que les femmes soient bien plus sensibles au manque de lumière que les hommes… Mais comme les paresseuses sont des femmes extrêmement bien renseignées, les secrets du bien-être à domicile leur font éviter quelques écueils !

Une séance de dix à vingt minutes par jour aura pour effet de vous recaler sur votre rythme naturel d'alternance veille-sommeil et les répercussions se feront positives au bout d'une à deux semaines d'exposition. Comme il n'y a pas de contre-indications (sauf si quelqu'un dans votre entourage souffre de glaucome, de cataracte, bref, d'un souci oculaire qui le rend vulnérable à une luminosité trop intense), vous pouvez tout à fait mettre une lampe (avec un abat-jour neutre pour ne pas transformer la couleur diffusée) sur la table de la cuisine, pour que toute la famille en bénéficie au petit déjeuner !

Dix façons de savoir qu'il est temps de s'occuper de sa maison

1. Si les acariens étaient cotés en bourse, votre moquette vous rendrait plus riche que riche.

2. Dans votre chambre, vous captez tellement bien le Wi-fi des voisins que vous pouvez twitter en dormant.

3. Vous avez gardé TOUS vos anciens téléphones portables. AVEC la boîte ET les chargeurs.

4. Il y a des êtres vivants dans votre frigo, et ce ne sont pas des huîtres.

5. Votre chambre est tellement encombrée que vous ne pouvez pas localiser votre lit avec précision.

6. Vous pensez que marron, c'est la couleur naturelle de votre baignoire.

7. Ça fait trois heures que vous cherchez votre chat. Il s'est construit une cabane dans le tas de fringues au milieu du salon.

8. Le soir à la lumière de votre néon, vous vous trouvez un teint plus proche de maître Yoda que de Laura Ingalls.

9. Vos murs sont passés de blanc cassé à jaune d'œuf, couleur on ne peut plus naturelle obtenue grâce à un mixeur mal fermé, il y a deux mois.

10. Rentrer chez vous vous donne de l'asthme.

Table des matières

Chapitre 5